南荒内外

Nanhuang Neiwai

李拂一　著

云南出版集团
云南人民出版社

图书在版编目（CIP）数据

南荒内外 / 李拂一著. -- 昆明：云南人民出版社，2020.6
（旧版书系）
ISBN 978-7-222-17983-7

Ⅰ. ①南… Ⅱ. ①李… Ⅲ. ①景洪 - 概况 - 民国
Ⅳ. ①K927.44

中国版本图书馆CIP数据核字（2019）第014644号

出 品 人：李 维 赵石定
责任编辑：韩 旭
装帧设计：燕鹏臣
责任校对：唐贵明
责任印制：李寒东

书 名 南荒内外
作 者 李拂一 著
出 版 云南出版集团 云南人民出版社
发 行 云南人民出版社
社 址 昆明市环城西路609号
邮 编 650034
网 址 www.ynpph.com.cn
E-mail ynrms@sina.com
开 本 787mm × 1092mm 1/32
印 张 7
字 数 100千
版 次 2020年6月第1版第1次印刷
印 刷 云南出版印刷集团有限责任公司
云南新华印刷一厂
书 号 ISBN 978-7-222-17983-7
定 价 35.00元

如需购买图书、反馈意见，请与我社联系
总编室：0871-64109126 发行部：0871-64108507
审校部：0871-64164626 印制部：0871-64191534

云南人民出版社微信公众号

编者的话

历史上，由于某种特定条件，有些近似巧合的人或事，会极其相似地出现，然而，历史绝不重演。过去的就过去了，永远地过去了。《论语·子罕》曾说："子在川上曰：'逝者如斯夫，不舍昼夜！'"

这"不舍昼夜"之所"逝"，在今日，由于现代交通之发达，完全可将前人几十日长途跋涉的路，缩短为几十分钟舒适的空航距离，寓于神话、童话所变幻现实的梦，也有现代科技使之成为真真切切的现实，恍惚这个世界越来越小，可以想象的空间已渐失去，不得不感叹这"不舍昼夜"之所"逝"，已无比地加快其"逝"速。

从目前历史分期断代的办法看，贴近我们"当代"最近的"现代"之末，也在二十世纪四十年代，距今也已七十多年。二十世纪三十年代初美国作家斯诺在"云之南"做他的"马帮旅行"时，说昆明"这个城市伸出一只脚在警惕地探索着现代，而另一只脚却牢牢地根植于自从忽必烈把它并入帝国版图以来就没有多少变化的环境"。此说，在封建了几千年的土地上，东西南北，闭塞滞后的地区，概莫能外。甚于此者，六七十年前的历史，有时也无异于几百年前的旧闻。即便在当代，二十世纪五十年代有些路不通，人罕至，封闭于深山老林、穷乡僻壤，还没进行社会改革的人家，其生存形态，对今日也是遥远的，从根本上讲也属于“没有多少变化”的旧事。它翻天覆地的新旧、隔世之变，有时也只是几年间的事，距今也已半个多世纪了。

尽管过去的一切，随流逝的时光流远了与今日的差距，但它毕竟还是今日的历史与文化之根。沧海横流，世事纷纭，男女老幼、强弱智愚、善恶忠奸、尊卑贵贱，在人生的舞台，同台亮相，都是好戏。以此为历史经纬的故事和人物，无论英雄豪杰、贪官暴君，还是顶天立地、有仁有义的人民，都有他们的正史、野史、传说、逸闻。就是他们的生存环境、民风民俗，也随着这一切而有它的沧桑巨变。今日要了解、研究它，无法不借助一些过去的资料。将这些为数有限的资料束之高阁，不予充分利用，乃至散失，是有负于国家和民族的。

于是，我们从现代、近代，云南的、西部的，到更广远之天地的有关文化、历史、民族等等的有识之士的札记、掌故、田野调查、逸文旧稿中，选出一批当时和今日依然有其影响与价值的专著和篇什，编辑为书系，以介绍给读者和关心、研究它的朋友们。由于“逝者如斯”，一些作品的认识、审美、资料价值，有的往往还会与日俱增，由此，更增加了我们介绍它们的责任感。

时代在巨变，正如许多学者所言，我们“每天都有珍贵的民间文化品种在消亡”。形势亮出了黄牌，他们呼吁“抢救”民间的文化财富，提出“需要深入当代民间进行‘田野调查’”。这里入选作品的作者，不少正是当年的“田野调查”者，他们深入到所谓的“蛮荒之地”，在旅行、生活条件极差，乃至恶劣时，以其惊人的毅力，在天灾，也在人祸所遭遇的惊险中，写出他们耳闻目睹之种种，有的归纳、概括而抽象为更具理论色彩、更具文献价值的调查报告，有的则更侧重沿途实见实闻的纪实，夹叙夹议，所悟的学问常常深于一见一闻，遇险的惊恐又常与人生闯荡的乐趣同在，大多写得朴素、清新，和平冲淡中确有委婉的情致。他们，有的定居该地，已属当地居民，有的，调查的行程，一年半载的跋山涉水，想蜻蜓点水似的所谓“深入生活”，想追名逐利而做所谓的“研究”之浮躁，都不可能。他们，不乏过去的先贤名儒，名校名师下的研究人员，多有鲜明的民主意识，同情广大的劳苦大众，抨击不合理的社会秩序与社会结构，维护人道、人权，正视压迫、剥削、两极分化的现实。从人类学、社会学、民族学、民俗学，对东西方的一些不同之处和相同之处所引发的思考，为我们打开了眼界，打开了思路，于此回顾、前瞻的天地，更加宽阔。

这些不同时代的不同作者，在不同的社会、政治背景下所写的作品，若无他们的局限性，也就无须后来的社会进步。除了书中的白纸黑字，他们跋涉在穷山恶水的艰辛和为此追求的执着顽强，正是对这土地，对这土地上的人民之爱，虽然并不排斥有的也许出于好奇，想探险、冒险，但他们作为民族大家庭的一员，其大中国的兄弟之情，是无可怀疑的。可是限于当时政治结构之情和个人识见，将人民对反动统治的反抗写作“叛乱”，在正视人民的痛苦时，又仅从当地的风光与人情称他们所在之地为“乐土”，或对他们的风俗习惯，简单地以自己的好恶来看待，难免有些偏颇不当之处，但从整体来看，作者的爱心都是浓浓的，有些不周之处，或是漏洞、失误，都不难理解。照排之旧书，就该看到它是过去另一个时代，另一些作者，在不同的社会、政治背景下所写成的作品，就该看到它的局限性，更为新时代而自信。

世事变迁，“逝者如斯”，前人有的看法无法请他们统一，后人无权强求一统。有些说法，能理解，并非简单地认同。能作注的，加注；若难查证的，存疑。乍看，有些不明白处，顺读下去，就理清头绪了。

本书系的选编，除由繁体字改为现代简体字横排外，内容基本保留原貌，有的地方，另加编注说明，以便读者阅读参考。

为保留原作资料的真实性和风格，对个别带有民族歧视的描写和用语，未做大的删改，请阅读中予以鉴别。

目 录

续　编

书　前

周良沛

从本书内容看，书名《南荒内外》之“南荒”，应指以车里——今称“景洪”——为中心之十二版纳整个地区。那片美丽富饶之地，当年却是每平方公里平均仅有两人之所。对那春日下秧，无须锄薅，望秋坐收之地，何至于少有人往？此乃当地“烟瘴”所致。“清明后十日，为摆夷元旦，又曰‘泼水节’，‘泼水节’过后，即渐入雨季，雨水下地之时，田野青蛙，鸣声如雷，羁旅之客闻之，心怀无不惶惶者，以是土人遂有此谚。咸以为雨季一到，汉人决无忘命再留之理……”众家视此之畏途，何人前往？

今日有霾为害，实为开发过度，“现代”过度；昔日烟瘴肆虐，实为荒芜过度，人稀过度。我本科盲，对此无多科理，但20世纪50年代第一春，距今六十多年，曾往返所谓“瘴区”，每遇穿谷过江，黎明即起，趁日出之前，雾未升，霭不至，其时尚无口罩可买，以毛巾掩住口鼻，屏气抑息，以军事行动飞步勇闯，亦能甩开雾瘴不相遇。那饮之则哑的“哑泉”，亦为无人之区，百年或千年的寂寞和无奈，如沉入泉底的落叶和腐殖之物，无力排开，年深日久，必然污染、毒化泉质而祸害。经过一次或多次对冒泉之水底污物清除、消毒，泉眼新冒清亮、纯净之水，饮后不仅不哑，而且歌唱则声音更美。以此，不限个人体察，事实证明，人之增多，本身就得改变环境；人要适应环境，环境亦会适应人。然而，非某时某地某一状况，是整个社会无此条件时，个人往往只能顺其自然。

本书作者李拂一先生，当年坚持在车里之所为，实为不易。有关其人状况，除从旁涉及他之事的文字略知一二，鲜有介绍。从抗战时西南联大师生记述到十二版纳实地考察之篇章所见，既有说他在当地执教者，也有说他为佛海首屈一指的茶商。其时，当局亦有“开发边疆”之号召，不论出于青年报国热忱，或为生计，在此教书皆有可能，何况他后来亦出面办学。一旦“思殖边总办公署”总办柯绩丞（1862 ~ 1944）将长女柯祥凤许配于他，成其乘龙快婿，施展之天地更广，才能得以尽情发挥。翁婿联手，不仅能经营茶山，为大茶商，尚有资料提及他办学校、办农场、建医院，实施妇女职业教育，安排失业之南洋华侨到当地开发等一系列措施，其时其地，可谓极富先进之治边思维与实践。

车里其时更多情况，无从得知，历史仅只留下这些，并无更多的其他资料，虽说它为唯一，却颇丰厚；尽管有些庞杂，却有较大的选择空间；一家之言，是否认同，既非唯一，亦便明辨；为其少之又少之所见，对其珍惜之情，不言而喻。否则，不论傣家自身，或居十二版纳之汉人，若有另能为此者，亦无须多言对此之情。

然而，对他翁婿，当年不乏异议。但，土酋为变，当局督师会剿，师久无功之际，柯绩丞以其两广能耐烟瘴之兵，身先士卒，平定边乱，誉为“边地英雄”，无假无愧。于他官场边事之争中，无意多加美誉，世上亦无事事正确，一切至善之人，但他在任十数年，有“汉夷和睦，边境又安”，当局“无南顾之忧”之政绩，多加苛求，反似无理。他且倡导“均富”，对其部属言：“设余而厚有所积者，余死而诸君尽可分取……”弥留之际，当阖署员工及家属，公开清点箱柜，公款取出归还，“遂瞑目不语”……为官有此品德，施政之中，不论有何不妥，乃至错误，亦可谅解。其婿托翁之福，其话语之权，此时此地，可想而知。他热心之公益事业，若有红利，亦属正常，后来的事业、企业的发展，再不是“设余而厚有所积者，余死而诸君尽可分取……”也属正常。观其当年于国外以代表某个层面之言行，亦可想象，自非等闲之辈，无实力亦无话语权。如当局“公立学校”拒收当地“土人”，恶于民族歧视，他则集资筹办专收“土人”之校，声称一旦“公立学校”收录土人，他则将其“私立学校”之“私”有，全部捐献于“公”；以世界语为主，兼涉多语种的学者张镜秋，在车里学习傣语傣文四年，“服食起居”，皆他供给。镜秋先生言：“解衣推食不受余报，余亦无以为报也。而老母妻孥，告贷无门，已濒绝境，戚友电促回昆，以救家难，拂一赠马一匹，且乘且步，冲起毒雾，冒秋霖……”一介书生，若终其一生皆穷秀才，孰予解囊？

观其用心，绝非仅此，有论者传布傣文即缅文，傣人为马来人种之说，或南诏为泰人所建，他旁征博引，据理驳斥，以据实之勇，维护傣人与其文化之尊严，同样，亦不扩张，力驳南诏为泰所建之说，并一再提出“充实边疆巩固国防”“开发边疆促进生产”，七八十年后看，亦非异见。仅考证“车里”之名，洋洋千言于古今、人文、地理、历史之纵横，凡此等等，对其尊重，自非无条件一皆认同，如受自己口音所限，他对粤语的一些读音，并不确切，但他对车里及附近各族同胞之语言、文字、历史、民情、风习等等，其所叙说一切之熟悉，不少为其亲历，如数家珍，实为我们民族，尤其身边的民族问题研究及边防、睦邻问题的知识增补，自是多多益善，若无更佳或可取代者，我等还能弃此另就？

拂一先生是 1950 年中国人民解放军进驻版纳不短时日之后，以缅境近之便，悄然离去。所以如此，自有他观察、考量之所虑。从极个别处仍见他对新的共和国有“赤化”“俄化”之说，亦为他经历与地位之必然。但他在台湾，从于右任为他的题词看，与国民党某些高层人物，不乏往来，却为人低调，不涉政事，仍以教书，乃至以体力维持生计，清贫养家。所著之书，所立之说，多以版纳为题。在岛上戒严，白色恐怖之日，书上从无当时所时髦的“反共救国”，张口骂“匪”之滥调，保持学术纯正之品位，实属不易。两岸开放之后，奈年高体衰，终未圆他归滇之梦。在此，我等亦以此书为证，三迤从未忘怀海峡对岸之乡亲。书中各篇，除篇末多有写作日期与刊载报刊，全书用的则是1979年初版、2003年增订再版之版本。书名《南荒内外》，应指千里边境，与之相联的不仅是接壤之地，更有民族、语言、民情等等，实为内外相系、无法不顾的“内外”，然称《南荒内外》，恐为收有《吴哥窟》所致。此一图文并茂之长文，实为作者所爱，却与滇无关，然先生已逝，为纪念，仍保留原书原样。原书为繁体字本，改为简体字，自当规范于此之标点符号，除上辑多为七八十年前，下辑亦有20世纪7、80年代乃至90年代的文章，其行文，仍与大陆口语有些距离，略加标点、注释，以期能便于今日此间读者之阅读。

遮顶之乱与十二版纳之设流

清宣统（1909 ~ 1912）间，曾震撼滇南思普区之遮顶乱事，其因素虽多，而勐海土弁之争袭，实为其唯一之导火线。十二版纳各勐土职之承袭，就地方历来惯例，用长、举贤两法并行。勐海原属小邑，雍正（1723 ~ 1735）间，其先有叭竜版纳者，以功授土便委职，以后子孙世代顶充。同治（1862 ~ 1874）初，其旁枝有诏香（亦称“叭先竜”，年老时称“诏雅竜焘”）者，为地方所拥戴，获袭世职。白旗下坝[①]，元江、他郎、宁洱、威远及思茅一带汉土居民，避难至勐海者众，诏香安辑流亡，令皆得所[②]。极尽贤劳，深得民心。年七十，禅位于其嫡长子诏雅洪。诏香于禅位后十余年弃世。临终遗嘱：“后世子孙，不可因争袭生内讧，致骨肉残破。”诏香死后，地方议事庭长诏冠，汉语称为“二官”者，渐揽权势。逮诏雅洪死，土便委一职，遂为二官所把持。诏雅洪遗有二子，长子诏雅合及三子诏腊（次子诏光早死）。另一异母弟曰

①即指杜文秀之乱。以其旗帜尚白，故曰白旗。白旗下坝者，即指杜党扰及元、墨、思、普一带而言。

②现定居于佛海、葩官、葩盆、贺南一带山头之老汉人以及黑龙塘部分阿卡人，即斯时得诏香之助，为所安辑定居者。后杜文秀失败，其残部之逃到勐海者，亦被安置于蛮峦、蛮赛二村。

刀柱国（汹名诏雅迈，小名诏蕴），均不获预问地方事，柱国叔侄等憾之。后因二官为贪取一孟艮摆夷赌棍之贿赂卢比五百盾，准其在勐海地面放赌抽头，致各村寨头目及人民等，多被盘剥，舆论哗然，咸不直二官之所为。于是柱国叔侄，乃乘机纠集人民，攻杀二官，并灭其族。

二官既灭，按支派当属诏雅合，但雅合自少即染嗜好，众意不属，而公推其叔刀柱国承袭。推举既定，柱国亦虑雅合不怿，乃划勐海最富出息之苏岵、黑龙塘一带为其食采邑，初亦叔侄相安。光绪（1875 ~ 1908）年末，柱国赴缅朝佛，将土司事务，权付雅合，于是不满柱国者，遂从而挑拨之。谓土职当属雅合，柱国不应夺其世袭。有为雅合主张，他日柱国归来，勿须交还土务者；更有为雅合策划，密遣心腹，预伏要途以待柱国归而邀杀之者。雅合终以祖父遗言在耳，不忍出此。柱国朝佛归来，仍将土务交还料理。柱国寻悉有奸人鼓动，为免意外，乃随时暗中防范。旋六顺土舍王光熙、王佩坤及勐往土便委刀继美，衔六顺土把总刀继善之命，至勐遮说刀正经绝车里之婚约[①]，并暗召诏雅合、诏腊兄弟往勐遮共谋逐柱国，拥雅合为勐海土便委，置勐海于勐遮势力范围，期削弱车里宣慰使势力，而别有企图焉。

六顺土把总刀继善，其先乃玉溪东山汉族王氏，

---

①光绪二十六年（1900）车里与勐遮之衅，普洱镇总兵高德元莅临查办，勒令具结敦好，并主持将刀承恩之四女孟室利挽那许字刀正经之长子刀忠良。六顺派人说勐遮绝车里婚约即指此。

自言为中原人，先世随沐英来滇，任军职，后入赘刀氏，刀氏衰微，遂获承袭土司世职。今全族仍王姓，仅承袭土职之一人，为应付官方，乃冒刀氏。所居接近汉地，土司家族，兼通汉土语文。与汉官交往素密，洞悉官方情弊，勿论大小汉官过江有所公干，皆仰赖其为乡导并派充舌人。汉官多不谙夷情，不通夷语；而土人亦多不识官方情形，汉官语文，其中不无故为轻重颠倒，以遂其私图者。凡经由六顺土司派充舌人处理之边事，每于事后横生枝节焉。

六顺土司以车里宣慰使刀承恩庸懦无能，不得民心，积日渐久，遂萌取代之念，因勾结强大之勐遮千总，以为应用。勐遮土千总刀正经以职位较高，且有兼管八勐[①]之权，辖地既广，民物众庶，不满于宣慰使刀承恩之所为，互以兵戎相见者，已不止一次；对宣慰一职，时思有所去取，以遂其称雄十二版纳之野心，遂亦乐与周旋，互相利用。

刀正经有一得力心腹大头目曰叭康亮者，最称慓悍，复多智谋，勐遮土务，多所取决于彼，正经依之如左右手焉。叭康亮与六顺土司经常狼狈为虐之事，各方皆啧有烦言。光绪二十六年（1900），车里与勐遮之衅，后经普洱镇总兵高德元查明，将叭康亮加以革斥示惩，然未能慑服其心，亦未能夺刀正经对彼之信任也。彼时勐滈土便委忽被人暗杀绝嗣，六顺土把总

①八勐指勐滈、勐海、勐阿、景真（顶真）、勐满、勐昂朗妟、景洛、勐康。

刀继善，命其弟刀继美，土舍王光熙、王佩坤等莅勐遮，央刀正经致函勐滗，授意勐滗人民，迎刀继美往主勐滗土务，俾伸其势力深入至江外，以为将来争夺车里宣慰之一着闲棋。

六顺势大难与，素为勐滗所惧，乃回信拒绝，声称勐滗人民，足可自治，勿迎立土司之必要，继美得书，大为愧恨。斯时主持勐滗地方事务者，为刀柱国外戚，遂迁怒于柱国，因此乃有怂恿勐遮千总，暗召诏雅合、诏腊兄弟前往勐遮共谋攻逐柱国之举。幸此事为柱国所侦悉，多方安抚雅合兄弟，阻其勿往，其事方寝。后因诏雅合之弟诏腊前往勐遮借谷，拟售作建屋之需。勐遮土千总刀正经乃嗾其赶返勐海，迫雅合即起兵攻逐柱国，为言若夺回世职，自勿虑区区建屋之费。诏腊心动，归迫其兄，告以刀正经愿为鼎力，助成大事，并已饬叭康亮完成准备，随时可资调度等语。雅合一时竟为所惑，轩然大波，于焉遂起！

当事变之前，外间即颇有流言，人心惶惶，勐海大佛寺总主僧[①]，为安定地方，避免生灵涂炭起见，曾为之调处，以教主地位，命刀柱国、诏雅合及诏腊叔侄三人，于佛前盟誓，以后应和衷共济，不得别生异心，涂炭生灵。殊未及一街之期[②]，诏雅合、诏腊兄弟二人，竟伙同叭蛮兴、叭乃蛮真及各寨不逞之徒，会合叭康亮，于夤夜突袭刀柱国于其土署。柱国因已随

①此方汉人俗呼佛寺曰缅寺，佛寺住持曰大佛爷。总主僧即住持。

②十二版纳各地集市，每五日一轮回，谓之赶街。一街之期，即指五日。

时提防，闻变，急由展楼跳出，漏夜奔勐滘，时宣统元年（1909）二月初一日也。

勐滘本柱国外戚，柱国在勐滘部署月余，纠合逃亡，并得汉商之助，乘雅合兄弟不备，大举袭勐海。雅合兄弟不敌，遂奔勐遮。时各勐土司，在名分上虽隶属于车里，受车里宣慰使司之管制，唯因宣慰使刀承恩庸懦无能，各勐土司大都各自为政。尤其勐遮土千总刀正经，以职位较高，且有兼管八勐之头衔，多年以来，即未接受宣慰使之约束。同时，诏雅合兄弟又在其庇护之下，柱国乃分呈车里、勐遮，请派遣头目前来勐海，代为调解叔侄间之纠纷。声明将来勿论如何，总以维持地方安宁为重。雅合兄弟在勐遮，亦扬言愿接受和平之解决。

四月朔，车里宣慰使刀承恩，为接受柱国之请求，派遣左将军都竜赛率宣慰军二百名，到达勐海，驻扎蛮兴佛寺，拟待勐遮方面派员到来，再共同会商调解办法。殊勐遮千总刀正经诡诈异常，一面派头目率数十老弱土练遵遮、海大道前来，进驻勐海大佛寺，声言一切唯车里之马首是瞻，虚与委蛇；一面挑选精壮七百余名，于初二日深夜，由其子刀忠良、头目叭康亮及诏雅合、诏腊统率，启道蛮稿小路，星驰前来。绕由蛮赛，经蛮拉闷，徒涉流沙河，径袭驻于蛮兴之车里宣慰军，先驻勐海大佛寺之部，复突出夹击。左将军都竜赛仓皇应战，身中七枪，死宣慰军十余人。宣慰军以事出意外，且众寡悬殊，不敌，退回车里。

刀忠良、叭康亮等，乃乘胜直捣勐海坝子，刀柱国猝不及防，骤遭攻击，复仓皇奔勐滘，旋又远逃至缅境勐挖（一译勐瓦，或译勐洼）。同时，勐海、勐滘坝子附近各寨居民，亦纷纷迁避。诏雅合兄弟，初本声明不扰汉商，继廉悉汉商张棠阶曾助刀柱国逐己，乃纠合刀忠良、叭康亮等，不分皂白，对汉商住区，肆行焚掠。汉商见来势凶猛，纷载贵重银物逃走，不料中途又概被拦劫，损失财货万余金。滇商李润庭、杨宪章及川商数名，并遭杀害，张棠阶只身脱走车里。刀忠良等遂满载而归。

张棠阶至车里，先请求宣慰使派兵弹压，并追缴失物。宣慰使以新败，勐遮势方张，无必胜把握，不愿出兵。乃会商分别具禀思茅厅龙文，普洱镇谢有功，迤南道杜庆元，请派兵剿办。张并赍文亲赴思茅厅投诉。镇道得禀，不即派兵，先命思茅厅同知龙文，前往查办。龙年迈畏瘴，行至六顺，即不敢再进。另派六顺土舍王光熙、王佩坤及勐往土便委刀继美，率土练十余名，至勐海调解。时民多逃散，来者又勒索供应，仅存之民，不堪其扰，具禀上控，王光熙等三人旋均被撤回，而龙文亦坐是撤职。

九月，迤南道杜庆元饬新任思茅厅同知费从光与委员郑培田、李孔训等；普洱镇总兵谢有功则派哨官黄殿英带兵一哨，共同前往勐海查办此案。费仍带同王佩坤随充译人。后王以汉官不谙夷情，思于中渔夺，招其堂弟诏相，冒为勐龙土司，向费请袭，企图夺取勐龙土司世职，事为张棠阶所觉，密嘱波勐向费揭露，奸谋未逞，被费斥革离境。自后，译员一职，遂由张堂阶所取代。

刀柱国辗转逃避至缅境勐挖之后，迄未敢归。费命张遣人招之，乃回国来见。唯已一无所有，谒费时仅以香蕉一梳为贽。其侄诏雅合则贽费以四平头鹿茸一架。费详询支派，遂决取宗祧，以诏雅合为合法继承人，令袭勐海土便委职；其刀柱国所损失者，则判由诏雅合筹偿纹银三千两。此谕一下，民众骇然，蛮董老叭尤致愤慨，邀约各寨头目人等，整饬行装，准备离境。佥以诏雅合一旦袭职，则彼等终无容身之地也。临行入见费从光，沥胆陈情，述民向背，作最后之努力，冀能挽回。并具言："今大人命诏雅合承袭土职，责其偿纹银三千两，此款始终仍须由人民身上摊派，人民左右是死，若不蒙收回成命，则民等只有乘大人在此之时，偕同刀柱国一道逃亡耳。"费闻言，忐忑不能决，张棠阶素左袒柱国，遂亦乘机进言："勐海土职承袭惯例，举贤为尚，宗祧良非所重。"时有报人民襆被离境者，一时费颇感棘手，又虑别生他变，乃容纳蛮董老叭之建议，取消前命，并派员安慰民居，宣示土司职务，仍由刀柱国继承。诏雅合见事中变，复潜往勐遮。费曾屡调勐遮土千总刀正经及头目叭康亮来勐海会商善后办法，均违命不至，久之不能解决。而李孔训带往勐遮之兵，复因叭康亮等时由草丛中放枪恐吓退回。费以无法达成查办任务，遂于冬月耑返思茅厅治，具禀上峰。留下黄殿英一哨驻扎，为保商之用。唯此时内地商人，所余无几。哨兵尝因粮饷不继，意欲撤退，汉商张棠阶等，诚恐驻军一撤，叭康亮党将复为乱，不能安居，吁请哨官黄殿英暂勿遽撤，至粮饷不继，彼等愿代张罗借垫。随总兵谢有功复增派杨华堂一哨到来，于是哨官黄殿英、杨华堂，副哨谢万兴等，共带两哨十七棚[①]粤籍兵丁，分防勐海、勐渣两地，以资镇压。

宣统二年（1910）春正月，云贵总督李经羲，饬已革知县黎肇元查办乌得及勐海乱事。时乌得已平，黎乃带同巡检陈钺，并一部分粤军，经六顺径至勐遮，仍带六顺王佩坤随充译员。初意拟仅究治叭康亮一人，余均安抚，并经禀请上峰核准。不料到达勐遮之后，终为王佩坤所簧鼓，对叭康亮竟宽纵未究，即行前往勐海。王以回护叭康亮之任务已达，托辞耑返六顺。黎抵勐海之后，刀柱国乃倩李梦弼具禀陈诉历次被经害过，禀中详述叭康亮与六顺土司之挑拨离间情形。黎初不以为然，继后访问渐广，又亲历各受害区域，但见败瓦秃垣，满目疮痍，不觉凄然。同时，张堂阶等汉商因损失惨重，亦痛陈叭康亮等之种种罪行，勐遮土司刀正经之强霸事实，六顺土司之阴谋等等。黎为感动，于是札调刀正经、叭康亮来勐海，借名商讨善后，欲俟其到而执之。乃屡经札调，皆不受命，最后刀正经以无可推诿，方遣其子刀忠良来见。

①每棚十四人，每哨约百人或百余人。

黎面谕刀忠良曰：“汝如能取得叭康亮首级来者，当赏银三百两，并可保全汝家土司职位。”刀忠良乃回商诸其父，刀正经曰：“汝欲取叭康亮之头，莫若取父之头更好。”刀忠良遂不敢再言。自是刀正经防范日密。叭康亮并带同土兵数百名，据蛮费寨佛寺，具摆夷文战书，邀黎会战。其略曰：“汝欲取吾首级，请速来；否则余将至勐海，取汝之首级也。”黎得书，知不可抚辑，乃电请剿办。报可。遂分派黄殿英、刀柱国，各率所部，由勐滘进；杨华堂率哨兵，车里大头目都竜发号及宣慰司幕友李梦弼率宣慰军由顶真进；并饬汉商张棠阶招集义勇保商队，会同车里勐海一部分土兵由勐海进。总共七百余名，约期三月初九日拂晓，分四路同时向蛮费进攻。义勇队随一部分官兵取正面一路；其余官兵，复分二路为左右翼，分由田坝绕进；一路截堵蛮费后山，则纯由士兵担任。分派既定，各路兵漏夜向指定地点进发。当逼近蛮费时，值大雾，但已为叭康亮所觉，先鸣枪抗拒，势甚凶猛。官兵奋力围攻，由晓至暮，不稍懈。时官兵已死六人，伤数人。各路仍奋勇进攻不已。贼见势不敌，相率由后山遁走。其负责截堵后山之土兵，因胆小，以黑夜，不敢取后山，仍由田坝助攻，致叭康亮等得由后山脱逃也。匪巢既得，官方遂分兵守之。当官军合攻蛮费，鏖战方酣之际，勐遮土千总刀正经父子，诏雅合兄弟，倮匪李张国及勐阿土把总诏真德翁等，竟各率所部，蹑官军之后，悄然入据顶真城子，深沟高垒，恃险抗命。土人谚曰 :“虾蟆叫，汉人心儿跳。”盖以昔时汉人经商十二版纳一带者，大都来自较高海拔或较高纬度地带，多不耐暑热。每届清明，不计盈亏，无不纷纷结束业务，耑返家园，形同大敌之即将蹑袭其后者。其偶有不暇作归之人，又多感染热带性疟疾，即所谓烟瘴，或失医而致死。清明后十日，为摆夷元旦，又曰泼水节，泼水节过后，即渐入雨季。雨水下地之时，田野青蛙，鸣声如雷，羁旅之客闻之，心怀无不惶惶者，以是土人遂有此谚。咸以为雨季一到，汉人决无忘命再留之理，兼以顶真地势险要，彼时武器不甚犀利，实有其所恃之处。官军围攻蛮费之日，已在泼水节后之第三天，雨季在迩，是以愈长其狂妄之念也。

四月，迤南道杜庆元据报，遂电请省方调兵剿办遮顶叛酋，李督复电允可，随派镇边厅丞刘成良督办遮顶军务，思茅厅丞费从光为会办，黎肇元为参谋，分路进剿。刘成良率孟连宣抚刀派永、雅口都司李文科、土兵管带李文才、勐允土弁刀金保、勐滨土目罕定国，各率土兵，进围顶真 ;保卫队长柯锡光偕刘成良之幕友陈伦品等驻勐遮。旋于勐遮捕获刀忠良及顶真土便委刀金贵囚之。刀忠良随破押逸去。时官兵已前后调集四营之众，并土兵数千，但屡经进攻，皆不利。副哨谢万兴阵亡，李文才亦因伤重致毙。驻扎顶真北城外蛮养法佛寺之罕定国亦受枪伤就医，不能作战。斯时官军势蹙，而贼势则日炽。随再电省禀告 :顶真天生险阻，非布长围，难望攻克。于是调柯锡光管带接防蛮养法佛寺，仍辅以罕定国李文科之部围其北；调费从光率扩思营，周国华率保卫第二营驻顶真后山，管理开花炮，截其东北；调孟连宣抚率土练防其南；东南一带，则由铁路营胡锦堂、周连标、黄殿英、易荣黔各管带分别扼要驻扎；车里宣慰军驻顶真正东荷花池边；刘成良则西驻勐遮城子，遥为接应。鏖战数月，终以顶真地势险阻，垒高堑深，四围竹木密茂，叛酋居高临下，易于制我，官军暴露四野，无法得窥叛敌所在，仰攻困难，毫无进展，而耗费弹药亦已甚多。时当雨季，雨水盛发，官兵日立风雨之中，感染瘴毒，病亡过半，伤病官兵舁送思茅就医者，五六百里，络绎不绝。

七月内，督办刘成良，因探知叭康亮已潜离顶真，转往英属孟艮借兵，而刀正经是否尚困守顶真城子之中，亦颇有种种揣测之谣言，以为纵将顶真攻克，而首要不获，亦觉难以为词，又惧引起外患，适感瘴毒，乃称病辞职，旋竟瘴故于其勐遮行营，而其幕友陈伦品，则因弄权舞弊，被逮入狱焉。计自三月初九日围攻蛮费起，经已四月。汉土兵练，万有余名，迄未能将区区弹丸之顶真攻拔，论者有谓指挥不能统一，攻击之时，此张彼弛者；有谓主其事者欲故延时日以纵敌，将来藉为要功地步者①；有谓烟瘴剧烈，官兵染瘴

① 参谋黎肇元前参与中越界务，擅在法人界图签署，导致我国丧失猛乌、乌得两土司地，因被革去知县职务及摘去顶戴，此次参与边事，为戴罪立功。清例不满百日之役，不为军功，黎参谋其间，故取拖延，期能以军功而开复，故普遍有此传说。

过多，致攻战无力者。刘故后，总督委黎肇元继为督办；解除费从光会办名义，饬其专责办粮，供应军食。黎奉令后，再电请总督益兵助攻，总督以管带柯树勋部在河口一带，素著战功，河口为云南著名瘴区，能耐烟瘴，乃电调其全部，并周虎臣一营，星驰增援。柯部于七月尾开抵顶真，奉派驻扎顶真南面之蛮留寨。次日巡视地势，与各营会商合围方略之后，即督率所部，昼夜攻战，以期速捷。连攻数昼夜，贼居高放枪，柯部由坡脚仰攻，颇有伤亡，部众渐有退志。柯乃优悬重赏，多方激励，同时亲冒枪弹，督战愈力，士卒复鼓勇奋进，遂直薄贼城，并夺据其城外之炮垒碉堡三座，逼近城壕，东西北三方面围攻之部队，亦同时放枪响应，贼势渐蹙。

八月初六日，普洱镇总兵苏抡元，衔总督命，统军到前敌督战，于是各方面之围攻部队，始尽力猛攻。困敌见官军并不因雨水盛发而撤退，反日渐增强，遂有私投官军者，于初十日，斩贼伙李张国之首，投周国华部哨弁部元臣处来献，总兵立予优赏。十一日，困敌又有潜出密报于柯营者，询悉刀正经等首要，因李张国被杀，内部不稳，有乘夜突围，另谋再举之议，乃送之苏总兵，并为要求宽宥协从，无罪良民，总兵皆许之。总兵于是密传各营，严行戒备；并谕各路包围部队，务获首犯，不许漏网。设有脱逸，当罪其所经之营。唯是顶真四围广阔，包围之众，虽已万余，而势难步步为防。能否截获首要，各部亦殊惴惴。柯部乃新增生力部队，对此消息，至感兴奋，认为良机难得，可望早日结束战斗，而免边民转徙流离，日受锋镝之苦。但叛敌黑夜突围，何者为首要，而其突围之点何在，皆最关重要。一面激励所部，加意提防；一面重价募土人，得潜通其传更之夫，约定正经所至，更锣随之。同时命其哨弁柯运森，佯疏其所防，而尽伏以待。是夜五鼓，刀正经及其基干，果率众四面突围，一时枪炮大作，声震四野。各部官兵土练，皆加紧包围，以密集之火力，予以还击，独顶真城子北面，枪声疏落，刀正经及其亲随，遂由此方濠沟缺口，悄然而出，更锣戛然鸣至此而止。伏军闻声尽起，出者咸就擒歼，无一漏网者。天明，经土人辨认，一尸约金钏十数者，即首要刀正经无讹，遂枭首以献；同时并将擒获之重要祸首诏雅合、叭乌提、诏真德翁等十余人戮之。苏总兵传首招降夷众，安抚居民。至是因勐海土弁争袭而酿起之一场遮顶变乱，劳师糜饷，迁延岁月，乃始平定，而官兵土练之伤亡瘴殁者，亦已不可胜数矣！事闻，在事出力人员，均叙奖有差。柯树勋保直隶州知州，游击胡锦堂、周连标均保副将；其余亦各有升奖。各营先后班师回防，留柯树勋督带第五营驻守勐遮、顶真，负责招抚土民归田，使各安生业。

宣统三年（1911）二月，黎肇元开复知县，受任思茅厅兼副营务处。六月，赴勐遮办理善后，督办改流事宜，分勐遮、顶真、勐滘、勐海及勐阿为五区。

出示变卖五区田地。议请设一直隶州，三县。委骆负图、陈兆廉、阳荣辉、周世清及邹位灿为编户招垦员，并抽收棉茶捐，以充经费。嗣因陈兆廉、阳荣辉瘴故，另委韦炳章、李佐华接办。九月八日，柯树勋奉饬往孟艮商请英方引渡逃犯叭康亮，英方以政治犯为辞，不予引渡，交涉无效，乃就而考察英之所以治孟艮者。是月，编户委员周世清、督办黎肇元，先后瘴故于勐遮。帮办蒋可成及各编户委员，均畏瘴辞差而去。边事乏员经理，棉茶捐亦无形停办。时本省光复，都督蔡锷，曾电黎以南防事重托，不料黎先于九月二十四日染瘴身故。边务主持无人，地方骚然。柯树勋因孟艮不予引渡叭康亮，又闻本省光复[①]，乃匆匆归国。行次勐板，奉令调署思茅厅篆兼副营务处。先命李梦弼驰往车里，宣传光复宗旨，并布告边民，各安生业，分派既定，随即赴思茅接任，率带第五营防军，保护地方，闾阎不惊。

民国[②]元年（1912）一月，都督府以普思介逼两强，边防重要，命刘钧巡按迤南。刘钧至思茅，适逃匪叭康亮散布谣言，声称即将入边报仇，边民惊恐。迤南道方宏纶、巡按使刘钧，以夷情反复，伏患未除，非威信素著，不足以资镇慑。乃电禀都督，命柯树勋督办遮顶五勐善后，督带边防各营，兼副营务处，管

①光复：指孙中山推翻清王朝的辛亥（1911）革命之成功。——编注

②民国：指辛亥（1911）革命成功后成立的中华民国，其元年为1912，以下类推，不另作注。——编注

带黄殿英、骆家伦均归节制。柯至车里，即分区派员赓续办理编户事宜。又以车里宣慰使刀承恩，对五勐改流之议，表示反对，遂决意设善后总局于车里，扩大设流范围，作一劳永逸之计，就近监视其行动。报请委任邹位灿为帮办，驻勐遮；李谭、黎祚、陈锦昌、陆廉、唐健臣充编户员。唯时国帑空虚，经费无着，商得思茅绅商同意，复抽棉茶捐，共获四千余元，权以支持。七月，遮顶五勐编户完竣，柯乃斟酌边地情形，并参以英之所以治孟艮者，条陈治边十二条，当道许之。

民国二年（1913）正月，创设普思沿边行政总局于车里，兼第一区；以次设立第二区行政分局于勐遮；第三区行政分局于勐溷，旋移勐海；第四区行政分局于勐龙，后移勐往；第五区行政分局于勐腊，后移勐捧；第六区行政分局于易武；第七区行政分局于普文；第八区行政分局于官房。分区设流，作将来改县之地步[①]，并奉命就地筹措经费，呈准除赤贫头目外，每户年征户捐银一元六角，半归土司，以作养赡，革除旧日土司一切摊派；半充总分各局行政经费。又户征折工银四角，专作修筑道路桥梁及兴建各区局署之用。保留土人原有耕者有其田之土地村有制度，不予变卖勐遮等五区田地，边民乐输，政费有着，遂停棉茶捐。设流而不改土，于是六百余年来半独立状态之车里土

①普思沿边八行政区，于民国十八年（1929），已分别改设为县及设治局。

司十二版纳，始获正式跻于中华民国政治之平等地位，同时边民遂亦免于兵戈扰攘，水深火热之中[①]。因勐海土弁之争袭，致掀起遮顶之乱，而劳师动众，而分区设流，进而改县，是又不得不详记颠末，藉存一隅掌故，而资参考也。

---

①十二版纳在土司自行治理时期，承袭争夺，变乱频仍。稍注意此方史事者，类多能道之。土人尝为余言，过去每至秋收完毕，即须将谷子埋藏山中，每家各舂制火药二斤，预备争战，今则已无此必要云。

普思殖边总办柯绩丞先生传略

先生名树勋，字绩丞，清同治元年（1862）壬戌九月十三日，诞生于广西之柳州。其先本福建人，父子林公，由闽宦游粤西，咸丰间，太平军起，带福字营会援柳州，遂家焉。七年，城陷，全家殉难，子林公突围出，负长孙祥和奔梧州，续娶姚夫人生先生。姚夫人早逝。先生生而颖悟，自幼即好交游，喜技击、斗鸡、走马，不屑屑于文墨。子林公故后，继母赵夫人督之严。先生晨则挟书出，而藏诸草丛，别寻斗鸡走马之徒为戏，暮仍挟书归，习以为常，赵夫人不知也。久之，族中人以告，夫人大恸，唤先生至，泣告之曰：尔父仅汝一人，尔父在时，余固知汝之不勤于学也，故为觅严师，期汝有成，不谓汝之不改，而必自误乃尔，欲待重责，则人将谓继母虐！但人必有志，乃可以立，汝既不愿习文，其就武乎？于是，遂为先生另觅师教骑射技击之术，先生乐之。旋应试选武庠生，然先生好交游如故，且慷慨性成，遇有缓急，无不尽力以赴，家道因之中落。

年十九，值越南战起，投岑襄勤部，襄勤一见奇之，授右营帮带，隶总兵何元凤部下。光绪十年，我军克复临洮、广威、不拔等府，先生与有力焉。和议成，保千总。嗣以维西协会带，调驻开广营帮带，防守红河。管带李旭初颇惜其才，勉之曰：君政治才也，孔武不文，不足语治道，君欲献身边疆，利民卫国，当究心经史，成就乃大，先生韪之。时先生年已二十有八，乃发愤为学，兵戎之余，除究治经史而外，书算、测绘、土木工程、医药，以至丝竹堪舆占卜星相末技，无不潜心研习。故先生不唯于诗文书道在所擅长，且复多艺，尤擅长道路桥梁及房屋建设工程。厥后测修由车里至思茅大道之工程队，以及行政总局衙署之设计建筑，皆先生躬亲训练，躬亲作图，而躬督以成者也。先生居常语人曰：苏老泉二十七岁，始发愤读书，余则尚迟老泉一岁，盖即指此。嗣奉委个蒙厘务，以刚直忤上被议，旋得直，委勘建筑铁路、营碉地点工程，及中越定立界牌，测量改道南溪铁路等差，皆以边情熟习，复多材艺，而荷重任。及滇越路成，带铁路巡防第四营驻防阿白，获劫杀法员要犯，法人德之，报请法国政府，赠给二等金质宝星。法人有虐待华工者，先生复抗争不遗余力。时革命军陷河口，先生奉檄往援，卒克复之，滇督锡良荐准以知县任用。

宣统二年（1910），勐遮土千总刀正经，纠合顶真、勐阿各土酋为变，势甚张，上命镇边厅（今澜沧县）丞刘成良、思茅厅丞费从光及已革知县黎肇元等，督师会剿，师久无功，乃檄调先生于河口。盖以先生熟习边情，且所部多两粤籍，能耐烟瘴，故远调增援。

先生于酷暑瘴盛之时，星驰至勐遮，度地形，励士气，身先士卒，卒擒斩渠魁，平定边乱[①]。滇督李经羲嘉先生忠勇，保奖直隶州，仍督带第五营，留戍沿边，参赞改流。宣统三年（1911）九月，奉命往缅甸孟艮，迎提逃犯叭康亮，因就而考察英之所以治孟艮者。随滇省光复，思普震动，迤南道方宏纶，以先生信孚一方，调署思茅厅篆兼南防副营务处。先生适由孟艮归至勐板，奉命后，即驰赴思茅新任，随带第五营防军，保卫地方，全境以谧。

民国元年（1912）一月，逃犯叭康亮散布谣言，声称即将入边报仇，边民惊恐，迤南道方宏纶，巡按使刘钧，以伏患未除，非威信素著，不足以资镇摄，电准都督府，复命先生至边，督带各营，主办善后改流事宜。七月，各区编查户口完竣，先生乃斟酌边地情形，并参以英人之所以治理孟艮者，上治边十二条陈。存土司，蠲繁苛，规划十二版纳全境为八行政区，设总分各局，作将来改县之地步。政府纳其议，即任先生为普思沿边行政总局局长，兼第一区。民国二年（1913）一月创设普思沿边行政总局于车里宣慰街之庄董佛寺。并与各土司协定章程十三条，互相遵守，每户年征户捐一元六角，以半数作总分各局行政经费，以半数作各土司赡养；另折工四角，作修路造桥及兴

①先生平乱之兵，多数为广西壮人。壮人与摆夷（傣族）同为壮侗语族壮傣语支，语言大致相通。平乱以及乱平后之建设，助益不少。

建各区衙署之专款。严禁土司苛派[①]，与民休息。民国三年（1914），建总局于宣慰街西北约十里之景德而移治焉。景德为车里故都，旧有户万余，自经缅、暹大掠之后，已无居民，唯遗佛寺残址十数于丛莽而已。先生披荆斩棘，垦辟荒莱，筑市场，徕商旅，盖颇费经营焉。又以勐遮界连缅属大勐养，为国防冲要；同时紧接澜沧县之倮黑山，附近村落，时遭倮黑劫掠，乃划为行政第二区，即首先建筑营碉，屯兵镇摄。其他各区分局及滇越边界应建营堡，均计划按年兴建。

当先生在思茅厅任内，即注意边民教化问题。其时李曰垓先生，在省倡办土民教育，先生即请准设立普思沿边土民学堂于思茅之大佛寺，以造就边地师资。分区设治后，更于各区设立初等小学多校，强迫土民入学，优待学生家庭；并特设劝学所，主持各区学务。维时边荒初辟，经费奇绌，所有取之于民者至微。在每户岁征之行政经费八角中，教育经费仅居十六分之一，亦即每户不过五分，全年共仅一千五六百元，以之举办八个行政区之教育事业，自难求进展。而折工一项，后复一再提用于军事需要，不能专致力于建设事业。不似徐为光氏擅自改县独立后，可以不遵守民国二年（1913）行政总局与各勐土司头目协定之章程。各新改之县政府，可以任意诛求而作量出为入之加征，每户年征行政经费自六七元（如南峤、镇越、宁江等

①据《思茅厅志》稿，旧时土司向土民每户年征纹银五两（合七元）至十两（合十四元）不等。

县局），至十数元（如佛海县），以至二十余元（如六顺及车里县）不等。即门户附加之教育费一项，亦有户征至一元或一元以上，甚至有高达二元五角者。统计沿边各县所取诸于人民之教育经费，年达滇银三四万元之巨，为未改县前之二十五倍，且远超过改县前八个行政区之全部行政经费（彼时全八区行政经费，年仅二万四五千元）。

改县迄今已十余年矣，以改县前之十六年（此借孙天霖氏语，其实先生自民国二年（1913）一月就任总局长起，至民国十五年（1926）五月逝世止，为期仅十三年又五月耳），与改县迄今之十余年比；以未改县时每户仅岁征行政经费八角（内教育经费，仅占全部行政经费十六分之一），与改县以来每户岁征行政经费自六七元，至十数元，以至二十余元比（六顺年征二十七八元，车里年征二十五元，教育经费另外附加征收）；以未改县时由行政经费内提拨之教育费每户平均不过年合五分，与改县以来，每户岁征教育经费自一元以至二元五角比，宜乎沿边青年之被汉文化者，今当远胜乎往昔。然而各县局中，未见学校者有之！省教育厅所派视学人员到达，则仓皇照其虚报校数，雇人扮演一时，逮视学人员离去之后，即学校痕迹，亦无从寻访者有之！随便敷衍数校者有之！交卸则将历年所收教育费，囊括以去。民有欠者，公然厚颜守候而不知耻，有非议之者，必思罗织至死，以为报复者有之！迄今沿边青年之曾被汉文化者，与未改县前相差无几。此非谓改县之不当，不过有谓："柯氏以封建思想，欲作太上土司，十六年来，未尝兴办学校，所取为愚民政策……苟柯氏实心实事，尽忠边庭，则十六年之政教，沿边青年，皆被汉人之文化矣"。[①]又有谓："其余若学堂、实业、邮电、开垦各事，至今无一成绩之可言"者[②]，用略举大要，以明事有非可一蹴可跻，而今昔易势，言行之难易悬殊耳！

民国七年（1918）二月，澜沧倮黑叛乱，先生奉令进剿，星夜出发，至班发，与倮黑鏖战一昼夜，振作士气，奋勇争先，竟获全胜。收复整控、新渡两江口后，普防陆军统领马文仲及思茅县知事谢栻两军，始获渡江会剿。澜境初定，余孽未歼，奉调回局。翌年，匪势复张，蔓及勐阿、勐遮，先生复奉命会剿，亲督兵团，夺蛮红，克永竜，擒匪首李学增及诏麻哈播二人毙之，招抚流亡，澜境之乱，始告平定。

民国十一年（1922），缅宁蔡教练春瑄肇乱，踞城拘官，先生又奉命充缅、澜、景三属剿匪督办，督率兵团，驰赴缅宁，会同省委陈少将光保，马指挥健刚，三路兜剿，平之。民国十二年（1923），普洱道尹萧瑞麟，以先生久寄边庭，威望日重，恐养成尾大不掉之势为词，密电省长唐公继尧，请以萧学智前往接替；同时又恐原驻勐遮之陆军普防第三连为先生所用，或有抗不交代情事，借点验为名，将第三连全部调至

①见孙天霖《车里笔记》。

②见《云南边地问题研究》上册，李文林《思普边情及治边意见》。

思茅，尽收缴其武器而解散之，仍责先生以十二版纳之治安全责。如有风吹草动，唯先生是罪。先生处境，斯为最劣。好在先生深得民心，边民愿为尽力维持治安，幸无意外。先生得闻瓜代者将至，一面准备移交，一面亲率局中员工，赶修衙署未完工程，以臻妥善。谓署中职员曰：行政总局报告完工，经上峰派员验收，亦已多年，尚有花辅台树等，不甚重要部分，为惜物力，故迟迟未予完成，今瓜代在即，雇工不及，不得不劳阖署同人之力，短期完成之，庶萧君到后，知吾侪作事，有始有终云。唐省长以先生任职沿边十余年来，政简刑清，汉夷和睦，边境乂安，省府无南顾之忧，不宜轻易生手，未允萧道尹以萧学智为替之所请。于是萧道尹又呈请省公署，请将普思沿边八个行政区改制为县，直隶道尹公署，撤销普思沿边行政总局。省公署下其议，先生乃呈覆省公署：沿边分区设治，原即为改县之张本。唯成事有序，先后缓急，应有斟酌。第六区行政分局，所辖倚邦、易武两土司地区，汉人增加，商务兴盛，为八区之冠。地方教育，亦办有成效，请由道尹公署派员先行将第六区行政分局，改设为县。如办理有效，嗣后再将其他七行政区改制。省公署据呈，即令交道尹公署审议办理。道署资深高级佐治人员，佥以兹事体大，倚邦、易武两土司地区，虽然汉人增多，商务教育等较其他各区为发达，但如改设县治，则必须依照县组织法扩大编组。组织扩大，人员设置增多，则开支随之增大，照原有之微末岁收，不敷极巨，如增收民户户捐，以为弥补，则与道署历来严禁不准妄增民户户捐之功令相抵触。同时又恐边民不堪负荷而反对，有失道署之威信，道署既乏专款以助改县后不敷之行政经费，又无别途以筹，改县案虽倡自道署，应予审慎，不宜操切。审议结果，于是此项原由道署提议之改县案，仍不得不由道尹公署自我加以搁置也。

是年冬，奉令往勘滇缅南段，打洛至南雅河段界牌，至南雅河，患病甚剧。其南雅河汇入澜沧江处之界牌为第六十二号，遂以谶兆为不祥。病中语左右曰：此段滇缅界牌最后一号之数为六十二，而余今年亦正六十二岁，其将不起乎？左右宽慰之。后虽病愈返署，而六十二为止之谶，终不能去怀。又以宣慰使及各勐土弁，不时以“两广孰与车里大”为询，盖以先生来自柳州，而部属多两广籍，故宣慰使土弁夷民等，时举以询。虽经解譬多端，而询者不止，其不能心折也至明。兼之驻防陆军，遭忌遣散，整个沿边，已无一兵一卒。临时组成之常备队全为土人，无作战经验，有事难为国用。诚恐一旦物化，见闻锢蔽眼光短小之宣慰土弁等，设不幸为奸人利用，致有变乱，则不唯十余年来惨淡经营之成果，将化为乌有；而此可爱之边地民众，又将遭受劫难。既非边民之福，亦国家之大不幸事也。乃决趁一息尚存之际，躬率各土司叭目等赴省垣观光，使彼等开拓眼界，增进见识，知中国之伟大，以泯其夜郎之念，而奠沿边于磐石之安，则死当无憾。先集局中科长职员会商，咸认此举为不可少，且不可缓。乃电省长唐继尧请示，得复报可。遂于民国十三年（1924）夏，躬牵宣慰荫袭暨各土司叭目团首等，晋省谒见唐省长，并参观各机关学校，年底返治。各土司叭目由昆明归来后，乃渐体会中国幅员之广大，民物之众庶，并深感各机关长官，对边民之一视同仁，优礼有加，不复作“两广孰与车里大”之问难，亦不再作驱逐汉人之想，而唯共存共荣，为最高之标的矣。

民国十四年（1925）五月三十日，上海发生“五卅惨案”，英捕枪杀市民若干人；六月二十三日，广州又发生“沙基惨案”，沙面英法军枪杀我同胞。消息传来，先生大愤，电请政府，应取强硬外交，否则不惜一战，必要时愿统率所部以及沿边丁壮，听候差遣，与敌周旋。省公署复电嘉勉，并谕知政府当循外交途径解决。不料事为英方侦悉，纷调部队，集中孟艮，以为防备；勐拉方面，并运到大炮机枪等轻重武器，先生亦尽知之。会病烧热，一夜，忽扑地断门牙二枚，唇亦破。病未愈而双方约定会修界桩之期已迫，部属有劝请照会英方改期，或委员代表会修者，先生持不可，谓恐示人以弱，且失国家信用，生死良非所重，卒携衣衾力疾成行，如期至打洛边界，与英员会晤。会修结果，颇为完满，其间因界牌位置不当而有迁移者，较诸往昔，英方且有让步焉。

先生自晋谒唐省长归来，对于沿边，本欲作进一步之努力，以其充实边疆，巩固国防，乃呈准上峰，于是年元月，将行政总局，改组为普思殖边总办公署。唯是积劳过度，历年以来，皆不获休息。如民七、八年剿办倮黑之役；民十一年督办缅、澜、景军务之役；民十三年，又于雨水盛发、瘴疠流行之际，躬率各勐土司头目，晋省观光，及历次抱病会勘界务。体魄原不甚健强，年事又高，历次辛劳，皆在病中，雅口之役，以处境阽危，焦思曾呕数升血；兼之边地医药不备，而车里又为著名烟瘴之区，民国十五年（1926）入春以来，病势不灭。三月转为增剧，延至五月二十九日（阴历四月十八日），竟以积劳过度，卒于任。年六十五岁。同年九月二十一日（阴历八月十五日）中秋，政府矜恤贤劳，拨资公葬于澜沧江东北岸白花山之阳，乃先生生前自行择定者。

先生元室李夫人生女二人：长祥凤，民国十年（1921）来归予，次祥祯，适宁洱侯树云君。继配彭夫人（彭夫人为越南傜家、卜氏得彭，因姓彭氏）生男祥晖、祥麟、祥炎三人，各有室，近十年中，均先后瘴故于佛海。妾李氏生第四子祥云，未娶，民国三十三年（1944），以心脏病卒于昆明。现仅遗次孙如松，祥麟室华氏所生，及四孙运良，祥炎室刀氏所生二人，如松已有室，运良方就学初小。祥晖元配许氏生长孙运文及三孙运武，均先祥晖以恶性疟疾不治而殇。

先生服官边庭十余年，洁己奉公，性行耿介，而乐于助人。生前求助者殊众，无不尽其力之所能及以应，以是身后异常萧条。先生最服膺孔子“不患寡而患不均”之说，素主均富。当民国十二年（1923）秋，提倡筹组开发勐板银矿公司时，特为定名“普利”，并为诗纪之，有“桂花八月好，香味共分收”之句，盖即寓均富之意也。尝谓部属曰：设余而厚有所积者，余死而诸君尽可分取之。当弥留之际，命总务科长陈祖培、第二区委员王承义、第三区委员胡人剑，眼同阖署员工及先生家属，公开清点箱柜，共得七千余元，陈祖培大声报之。先生仅曰：内有二千元系车里富滇分银行所寄存，又若干千为公款，应即取出归还。遂瞑目不语，不及于私。思茅翰林刘钟华先生曰：“公不负其职，亦无歉其心。”[1] 论者以为确评。先生遗著有《普思沿边志略》及《龙江诗集》。志略已出版，诗稿尚未刊行。

①见翰林院编修思茅刘钟华《柯公生祠记》。

车里命名考

车里宣慰司所辖曰："勐西双版纳。""西双"译言十二，"版纳"之义为府或州，"勐"之义为国，可译称为十二府国或十二州国。古人对版纳一词，似未得其解，故音译而为十二版纳。亦名勐泐，即泐国之意。因此十二版纳之摆夷，自称为傣泐人，亦简称泐人。附缅后，对缅称景永，首邑亦曰景永，缅人称之曰景永巨。此外尚有一梵化名称曰 Aravi，似即《月藏经》，东方七宿、尾箕二宿所摄十四国中第七国之阿罗毗，或出于模拟及移植者。

十二版纳居民百分之六十以上为泐人，即一般所称为水摆夷者，在未设治以前，十二版纳之统治者也。然车里一名，在傣泐语文中，颇难寻译一适当之诠释，询诸傣泐人士，亦不得其解。说者谓即《逸周书》之古产里。拙著《车里》一书，曾据《明史》及《新元史》等书引用，而《读史方舆纪要》及《滇考》则曰：周公赐指南车归，故名曰"车里"云。

按云南车里[①]一名，始见于《招捕总录》，新旧

①《史记·秦始皇本记》："毕公享国三十六年，葬车里北。"又"惠公享国十年，葬车里康景"。此两公葬地之车里，应不离雍境，今陕西凤翔县地，与今之十二版纳之车里，悬隔太远，当非一地。

《元史》作“车厘”，亦作“彻里”，或作“车厘”及“阇力”。同时《元史》蒙古人及色目人中，亦颇不乏以彻里、阇里、彻里蛮、彻里帖木儿、阇里帖木儿，或径以车里二字为名者。于是车里一名，是否即《逸周书·王会解》之古产里？其命名由来，诚否如《读史方舆纪要》《滇考》及其他书籍所载，因周公赐指南车导之归而云然，不无疑问矣。

考《元史》《新元史》《元朝秘史》及《明史》中，关于蒙古人及色目人之以彻里命名者，略有如下表之所示：

名	氏	蒙古抑色目人	略　历	索　引	备　注
彻里	燕只吉台氏	蒙古	中书平章政事	《元史》卷一三〇，《新元史》卷一九七，皆有传	亦作阇里，见世祖纪二十九年、成宗纪大德十年，及崔彧传、燕公楠传
彻里	阿速氏	色目	左阿速卫佥事	《元史》卷一三五，《新元史》卷一九八，皆有传	
阇里			速古儿赤(《新元史》卷二二三作利用监)	《元史》卷二〇五，《新元史》卷二二三桑哥传	疑即上燕只吉台氏彻里
彻里帖木儿			淮东宣慰使、江西参政	《元史》卷九世祖纪至元十四年	疑即伯颜传都元帅阇里帖木儿，后为辽阳平章。见下

续表

名	氏	蒙古抑色目人	略　历	索　引	备　注
彻里帖木儿	札剌儿氏	蒙古	河南蒙古军都万户	《元史》卷三二文宗纪,《新元史》卷二〇五有传	或作阇里铁木儿,《元史》卷一五四洪迈传
彻里帖木儿	阿鲁温氏	色目	西域大族，中书平章政事	《元史》卷一四二,新元史卷二〇一有传	亦作彻里铁木儿
彻里帖木儿			湖广参政（至顺二年）	《元史》卷三五文宗纪	
彻里帖木儿	博尔济锦氏	蒙古	公主	《元史》卷三七宁宗纪	
彻里帖木儿	博尔济锦氏	蒙古	烈宗系别里古台曾孙、广宁王	《元史》卷一〇七宗室表	一作阇里铁木儿
彻里帖木儿	博尔济锦氏	蒙古	宪宗系昔里吉孙，顺帝至正二年封抚宁王	同上	
阇里帖木儿			至元二十年右丞辽阳平章都元帅	《元史》卷十二世祖纪及洪万、崔彧、伯颜及日本传	亦作彻里铁木儿、阇里铁木儿、彻里帖木儿
阇里帖木儿			济南路同知	《元史》卷九七食货志盐法	
彻里帖木儿	完者都钦察氏	色目	高邮打捕屯田提举司，达鲁花赤	《新元史》卷一六〇完者拔都传,又卷二九氏族表	

续表

名	氏	蒙古抑色目人	略　历	索　引	备　注
彻里帖木儿			河南平章	《新元史》卷二四八乌撒传	
彻里蛮			宣徽院使大司徒	《元史》卷一二二昔儿昔思传	
彻里蛮		蒙古	江西行枢密院副使，安南[①]右丞	《元史》卷二〇九安南传	
阇里赤	畏吾氏	色目	淮东宣慰使，脱烈海牙父	《元史》卷一三七，《新元史》卷一九二脱烈海牙传	
车里	雍古氏	色目	回鹘贵族，蒙古汉军征行元帅	《元史》卷一三二步鲁合答传，《新元史》一四九按竺迩传	《元史》按竺迩传作彻理雍古氏，不鲁合答传作蒙古弘吉剌氏
阇里合察兀	博尔济锦氏	蒙古	蒙古第五代始祖	《元秘史》卷一	
彻里不花			元将	《明史》卷一太祖本纪	
车里不花			云南参政	《明史》纪事本末卷十二，《滇云历年传》卷六	

①安南：今越南。唐调露元年（679）置安南都护府，省称安南。宣德二年（1427）独立建国，我国仍称之为安南。清嘉庆八年（1803）改国号为越南。1884年沦为法国保护国。我国国民，在中华人民共和国成立之前，仍有不少习惯称其安南。——编注

又《新元史》卷一百四十九按竺迩传："至元二年（1265），车里以老疾不任事，命子步鲁合答代领其军……二十一年（1284），又从征八百媳妇，至车厘（《元史》作车厘）。车厘者，其酋长所居也。诸王阔阔命步鲁合答将游骑三百，往招之降，不听，进兵攻之，步鲁合答毁其北门而入，赐金虎符，授怀远大将军云南万户府达鲁花赤。"

观此，可得结论数点如下：

一、十二版纳一地，是否即《逸周书》所载之产里，尚难加以确定。

二、车里一名，应为纪念对其地有直接或间接战功之蒙古人或色目人而得名。步鲁合答将游骑三百而下车厘，为其父留一永久纪念，因而名十二版纳为车厘或车里，不无可能。

三、车里一名，在尚无其他佐证足以说明其别有来源以前，自以随蒙元铁骑之侵入而遗留为近。设此说而能成立不移，则《吕览》及《周书》所志，以象齿矩狗为献之古产里，纵有其地其事而不出于伪托，然亦决非元以来之车里十二版纳也。

此外，关于《读史方舆纪要》等书所谓：因周公作指南车导之归，故名车里者，亦不得不加以辩正。《宋史·舆服志》："周成王时，越裳氏重译来献，使者惑失道，周公赐軿车以指南。"通志："周致太平，越裳氏重译来献，使者迷其归路，周公为司南之制，使载之南，周年至国。"又《后汉书·南蛮传》："交阯之南，有越裳国，周公居摄，六年，制礼作乐，天下和平，越裳以三象重译而献白雉。”是则周公赐指南车者乃越裳氏，而越裳固位于交阯之南，当为今越南之南境，而非位于越南西北边外之十二版纳也。[①]

载《边疆通讯》三卷五期（1942）

①越裳居地，以汉九真郡，即今安南清华、乂安以至顺化等处为中心。

改编王初桐《西域尔雅》序

读《元史》，见元人中，不乏以车里、彻里、彻里蛮、彻里帖木儿或车里帖木儿等为名者，于是对于车里宣慰司车里一名之由来，是否即《逸周书·王会篇》之产里，不免发生疑问，得无与元人有相当关系，否则不应巧合乃尔。盖十二版纳一地，初被征服于元人，著于史册，始于元代。且车里一名，在傣泐语中，难求诠释。因此不得不转而向蒙古语言中试为探索，期与《元史》得一印证。

十年前，偶于首都购获王初桐氏《西域尔雅》一卷。其中包括蒙、回、藏、番等语汇十一种。编纂一本《尔雅》十九篇之例，顺次序述，不便检查。古人编著，很少应用科学方法，此亦时代使然，不应苛求。携回之后，即拟加以整理。比年糊口异域，不遑及此。前年六月，家居偶暇，遂着手改编，惜仅及半而止。日来偶检巾笈，出未完稿，于百忙中竭三日之力完之，计得西番五三七语，西藏四三二语，回三五五语，准二五九语，蒙古二〇五语，帕尔西二五语，布鲁特一三语，蛮及哈萨克各八语，梵二语，哈拉替良一语。检阅一过，较王氏原书为便于稽考，开卷一目了然。

读书虽乐，然常因小问题，惹起大麻烦。因车里一名，致改编此书，费时不赀，然亦快事也。

三十年十月十五日于佛海

到滇边开发去

各位先生，亲爱的侨胞：

鄙人昨晚与黄水田先生讨论到滇边十二版纳开发去的问题，黄先生认为有研究的必要，要鄙人今早到来把十二版纳方面的大概情形，向各位介绍。鄙人素拙于言词，有不周到的地方，还望各位多多原谅。

鄙人南来，这是第二次，时常这样憧憬着，假使南洋一带，不是我们亲爱的侨胞，把宝贵的血汗，不断地渲染着，那么我敢断言，绝对不能达到这个地步——光明灿烂的境地。

不料环境一时剧变了，亲爱的侨胞有许多许多找不到工作，有力无处卖，顺至生活上发生了很严重的问题，这是多么悲惨的一件事啊！就此马马虎虎胡混下去吗？我想大家是已经感觉到不容易再混了，那么请其他侨胞负担点旅费转回家乡去吗？可是家乡方面不也是有许多人正在喊没有工作吗？怎么办？到滇边开发去。

中国可资开发的地方很多很多，大规模的移殖，还是要到西北去。黄先生要鄙人对各位报告的，却并不是可作大规模移殖的西北，而是与缅甸毗连，距离仰光又没有几多天路途的一个很有趣很小很小的所在——十二版纳，与南洋一带是很容易往还的。

十二版纳，在云南省的西南极边，自北纬二十一度六分起，至二十三度止；经度自格林威治九十九度五十三分起，至一百零一度五十分止。南北袤三百八十余公里，东西广二百八十余公里，面积约二万五千余平方公里，略小于欧洲的荷兰，而十倍于卢森堡，东南与安南接壤，西南与缅甸接壤。以前通通是土司地，现在云南省政府呈准国府在这个地方成立了六个县政府和一个特别行政区（详二月二十三日《仰光报》波光栏）。人民十六七万，每平方公里居民不到七人，如每平方公里以容纳四十人做标准，那么至少尚可增加八十万以上之移民进去。容纳失业侨胞，绰绰有裕。滇边天产丰富，气候和平，平均气温约华氏表七十度上下，是一个很温和的所在。

矿产方面，如金、银、铜、铁等，所在皆有，只是现下还没有人投资开采，目前算为办有成效的，仅仅磨歇一带的盐矿而已。

现有制造品中，当以农产加工之茶叶为第一大宗，年产额合江内外计约二百余万斤，每年运经缅甸、印度转销西藏，及西藏人直接到佛海县购买的，约达一百万斤以上。此外，则运销缅、暹[1]、越南、香港、四川等地，一年也不下百万斤之数。若能将制法加以改良，扩充销路，那么年产额当可不断增加，因尚有

①缅、暹：指缅甸和暹罗。暹罗1939年5月21日之国务会议决议改名泰国之详情，请参看本书有关内容。——编注

甚多茶山，无人采摘也。在车里、佛海一带的茶园，虽然是各有其主，但是非其主的人们，也可以自由去采摘、制造及出卖，不过采得一百斤，要送还园主五十斤。如果向园主购买粗制品，自己加工精制，再运销国外，其粗制品之购价也很便宜。

樟脑、紫梗，到处皆是，年产额各约一万缅斤。又有一种叫做真荆草的，比樟脑还要多，遍地都有滋生，可以在它的茎或叶子内析出一种很芳香的白色结晶，属艾纳香之类，功用和冰片差不多。野生树胶随在皆有，在马来、暹罗一带树胶尚未大量生产以前，每年曾出口过三百多担，目下因人才、资金、劳力、运输及种种因素的限制，已没有人从事生产了！此外还有很多值得开发的事业，不及一一介绍。现在来谈谈别的。

十二版纳的民族是很复杂的，但是归纳起来，还是一种——蒙古利亚种。就中以和暹罗民族相同的这种人，叫做摆夷的为最多，语言、文字、风俗、习尚，都与暹罗相差无几，懂得暹罗或缅甸掸邦语言的，到那个地方是一点困难都没有，国语也勉强可以通行。至于人民的性情，甚为和平，崇尚自由，富互助精神，对我们汉人，相当尊敬，他们是很爱客的。

他们的婚姻，是以爱情为目标，绝对自由，不假父母之命、媒妁之言的。采小家庭制度，很欢喜和汉人联婚，他们的家庭观念比较薄弱，他们是把家庭观念扩充到社会观念去的。

他们的田土是村公有的，鄙人在“波光”上已介绍过了，房屋也可说是公共的，因为他们村子里的房屋，大都是互相帮助而建筑成功的。各位侨胞到了那个地方，如果能够同他们合作起来，那么竹楼茅舍，他们是很欢喜帮助你建造起来，他们一概都是竹楼茅舍，要住高楼大厦，那就一时做不到了。

因为他们的社会是以劳力做基础，所以盗贼就很少很少了，在途中失去的东西，常常可以得回来，忘记了闩门睡觉，是不会遗失衣物的。他们的社会，是一个很有趣味的社会啊！

至于到车里十二版纳的程途，现在缅甸峒巨的公路，已通至景栋。由仰光乘火车一日至大市，次日经海和至瑞仰下车，改乘汽车行十二英里至峒巨，又二日之汽车，即达南掸邦之重镇景栋。由景栋步行或乘马三日至滇边亦即十二版纳之边境景洛地方了。到五福去经营农业，到佛海去经营商业，或是到产矿的地方去开掘矿业，都是可以的。

亲爱的侨胞们，离乡背景，远涉重洋，到南洋地方，在重重缚束之下讨生活，不唯不有被巨大压力消灭掉，反一天一天地发展起来，这种伟大的魄力，拿到祖国边地开发去，其发展是更不可限量的，这样伟大的事业，除了亲爱的侨胞，是无人能做得到的。

至于具体的办法，须得请黄先生及各位侨领向领事详细商筹，对于侨胞到十二版纳开发去，只要鄙人能效力的地方，自当勉力以赴。现在时间也不早了，不能作更详细的介绍，还得望各位父老兄弟亲爱的侨胞，多多原谅！

民国二十年三月六日于仰光

南洋失业华侨与开发边疆

华侨之南洋　南洋华侨之失业
失业华侨之救济办法　到边疆去
南洋失业华侨与滇边

光明灿烂之南洋，在百数十年前，不过一群荒岛而已。假使不是我国侨胞，把宝贵之血汗不断地渲染着，绝对不能达到如斯境地——光明灿烂之南洋。砂捞越前王查尔斯·布鲁克言："使南洋而无华侨，吾人将一无所能。"[1]华侨在南洋牺牲之巨，贡献之大，可以概见。

年来世界各国，经济衰落，百业凋敝，失业问题，为一般之普遍现象，南洋自不能例外。加以胶、锡价格，一落千丈；最近米市，又一跌再跌，我南洋侨胞，遂不免遭到同一之命运。去今两年，失业人数，达数十万，侨胞在海外失业人数之众，为空前所未有；缅甸方面，则自上年华缅械斗以来，缅人排华之风潮，日趋扩大。服饰、饮食等日用事业，缅人皆自起经营，实行对华侨经济绝交，相率不买华人货物，因是而骤

①见钟佐衡《西婆罗洲之现状》。

失所业者，亦不在少数。山邑[1]地区侨胞，且时遭缅人劫杀，至今未已。侨胞生命财产，日在狂风暴雨之中，情势险恶，达于极点！侨胞中之较为富有者，或纷纷移往仰光等繁盛市区，或奋然归国，以避免不测，唯有哀苦无告之大多数失业劳工，既少余资，归国不得，而留住亦不可能，陷于进退维谷的境地，惨痛万状！

把失业侨胞救济回国，这固然是目前一件不得不如此之办法，但是回国之后，又将如何安置？南洋侨胞，以闽、粤籍民为多，将尽资助而回籍乎？今闽、粤已苦人稠地密，方谋向外发展之不暇，安能一时容纳如许失业人数？余在仰光时，因目击失业侨胞日就施粥场所求食之惨苦，又回想滇边千里沃壤，但得一举手一投足之劳，即足以坐食周年，天府之域，竟荒废不治，乃先后在《仰光日报》及施粥场将滇边实况，做简略之介绍，希望侨胞合力将失业劳工，合资送往边疆，从事开发。一来可以解决侨胞失业问题，再则可以充实边疆，巩固国防；而所投资本，将来亦不难逐渐取偿，利益莫大。本年三月中，仰光近郊九文台制酒厂主梅县蔡若痴君，且亲往滇边普思沿边一带——车里土司十二版纳调查，作内移之准备。

前已言之，南洋在百数十年前，不过一群荒岛，现在则光明灿烂，一切的一切，无往而非我侨胞胼手胝足之结晶。侨胞离乡背井，远适异域，内无祖国丝毫之保障，外受居留地政府之重重剥削，百番压榨，

①华侨呼南洋内地小县或乡村及僻远之地曰“山邑”，即乡下之意。

不唯不自消灭，反蒸蒸日上，长足发展，造成今日“无华侨即无南洋”之境地，如此精神，如此毅力，若能转移方针，做充实并开发边疆之工作，既无外力之压迫，又可得内国政府之保障，数十年后，万里边荒，不难化为锦绣山河，永作长城，如此则无形中足以遏止强邻觊觎之野心，消弭未来之边患，一举而数善兼备。

大规模之移殖，自以东北、西北为唯一地域，可是救济南洋失业侨胞以充实边疆，则以移实滇边为最适合。滇边界线延长数千里，毗连越、缅，密迩南洋，第一为交通便捷，其次则气候相宜，由南洋达滇边之道途有三：一由盘谷经景线至车里土司地；一由仰光经曼德勒、八莫至滇西边界；一由越南经老街至河口。就中以第一路为最便，费时不过旬日，费用不过三十余元。滇边气候，就南部言，温度最高华氏九十度上下，最低五十度，年分干、湿二季，与广州、南洋大致相同。当清末宣统元年（1909），勐遮土司负固为乱，清政府征调滇、湘军旅近万人赴之，未及半载，疾病伤亡过半，战力丧失。后得一营粤军增援，方告克复，而鲜瘴亡者。此部粤军，今犹多数健在。又滇南河口，亦一般人所视为瘴乡者，而闽、粤人处之泰然，此为闽、粤人适宜于滇边气候环境之最好明证。

滇边西南部普思沿边一带之物产，与南洋亦大致相类，如树胶、甘蔗、樟脑、椰子、紫梗、棉及茶等，遍地皆是。侨胞从事开发，足资熟手。至边地土族，大多数为爱好和平自由而以互助为社会基础之摆夷民族，与汉族感情，素称融洽，互通婚姻，已非一日，果能待之以诚，绝不至有仇视之现象。

滇边地旷人稀，土地公有，每方里居民平均不过二人，如每方里以容纳十人计，即小小车里土司地面，亦可容纳八十万以上之移民，整个滇边，至少可以增加五六百万以上之移民，此不过就最低度说法耳。

现在失业侨胞，日多一日，窃以为移实边疆，较诸各归乡土，依旧失业之为益，斯亦救济失业侨胞，无办法中之小小途径。欲图收回边疆失地，非先从充实边疆着手不可，将来由南而北，推而上之，以至康藏西北，并非不可能之事。深望海内外同胞，共起图之。

民国二十年六月十九日于南京

（载《新亚细亚》二卷六号）

上中央侨务委员会救济南洋失业华侨移殖边疆意见书

为条陈救济南洋失业华侨移殖边疆意见以备采择事：

窃年来南洋失业华侨，日多一日，数目之巨，为华侨有史来所未曾有。加以外人奴视，土人排斥，其境至苦，而遇至惨，是非亟图有以救济之不可。救济之道虽多，而移殖边疆，要一端也。窃以为移殖边疆，厥有三利：充实边疆，巩固国防，一也；开发边荒，促进边地生产，利民富国，二也；根本解决失业难题，一劳而永逸，三也。

我国边疆万里，究以何地为最适宜于南洋华侨之移殖，不得不有相当之考虑也。第一当注意移殖地之气候水土，是否适宜于华侨身体之健康，最近报载吉林移民，因气候水土不服而死亡至五分之二（五百人中死二百余人），可为借鉴；其次当注意边地民族之是否良善，能否与移民相安，否则动启边衅，未得其利，先蒙其害，不可不察也。查我国边疆广阔，然欲求适合以上条件，则不多觏，有之其唯滇边乎。而滇边之中，又以车里土司地一带为最适宜。车里在滇省西南极边，东南界法越，西南界英缅，面积十万余方里，人口十六七万，地居热带，气候和平，寒燠得中，平均温度大约在华氏七十度上下，水土亦与南洋无大差异，尤适于闽、粤人之居住，当清宣统元年（1909），勐遮土司作乱时，滇、湘军旅万余围攻，因不服水土，死亡过半，后得一营闽粤军勇，方告弭平，而鲜瘴亡者，此部军勇，今犹多数健在；又河口一带，在滇人则视为瘴疠之乡，以为畏途，而闽、粤人则处之泰然，南洋华侨多数为闽、粤籍，此南洋华侨适宜于滇边水土气候之明证。至车里民族种姓虽然庞杂，而大多数则为天性和平，爱好自由，崇尚互助之摆夷民族，与汉人素称融洽，互通婚姻，已非一日，当不致发生与移民不睦现象。兼之密迩南洋，交通便捷，所费不多。至于物产之丰富，亦无一不与南洋一带相类似。如树胶、甘蔗、椰子、茶、樟及舍来克（紫胶）等，大都野生，遍地皆是，华侨从事开发，尤足以资熟手。查车里土司地旷人稀，平均每方里不及二人，每方里最低度以容纳十人计，至少尚可以增加八十万以上之移民。安插失业华侨，绰有余裕。夫南洋在百十年前，不过一片荒岛而已，设无华侨，绝不能达到如斯境地——光明灿烂之南洋。南洋能有今日之繁荣，举凡一切，无往而非我华侨胼手胝足之结晶。华侨离乡背井，远涉重洋，内无祖国之丝毫保障，外受居留地政府之重重剥削，百番压榨，不唯不自消灭，反蒸蒸日上，长足发展，造成今日“无华侨即无南洋”之境地。

如此精神，如此毅力，若能以之作充实并开发边疆之工作，既无外力之压迫，又可得本国之扶助，数十年后，万里边荒，不难逐渐化为锦绣山河。如此则无形之中，足以遏止强邻觊觎之野心，消弭未来之边患，窃以为一举数善，舍此莫由。用敢敬陈管见，以备采择施行。

二十年七月一日于南京

按：此案后经中央行文云南省政府办理。当时主持省政者为龙云，龙因左右反对而搁置。读者阅下文附录之云南省督学李文林《思普边情及治边意见》一文，即可得其消息。

《云南边地江外各县调查》书后

治国如治病，不明病原，而妄投药饵者，鲜不偾事；治国何独不然。昧于国情，而曰我之治术足以出斯民于水火，登衽席，虽三尺童子，当亦知其为不可能之事也。

顷阅李文林竹村先生《思普边情及治边意见》和《云南边地江外各县调查》① 大作，关于慎选边官、提倡教育两大端，极佩卓见。唯于边情各节，似与实际情形，有不少出入，窃以为于国计、于学术，不无关系，爰不揣固陋，就多年来研究所得，敬举数端，以质高明：

李竹村先生曰：云南普思沿边“古称十三版纳，景洞系一版纳，已为英国占据，只有十二版纳”。按版纳乃摆夷语音译，原于巴利语，其训为府或州，亦可译为十二州或十二府。我国学者不查，遂就字面认为版图归纳之义，误矣。所称版纳，又有“干折版纳”与“干朵版纳”之分：对中者称干折版纳，即钱粮版纳；对缅者称干朵版纳，即礼聘版纳。其区分如下：

---

①李竹村《思普边情及治边意见》一文，载二十一年九月十五、十六两日云南《民国日报》；《云南边地江外各县调查》一文，载二十一年十月二十八日上海《中华日报》。两文标题虽异，内容则一。

第一版纳：顶真、勐海、勐阿、勐养、勐宽、勐醒、勐远。

第二版纳：勐龙（亦作勐笼）。

第三版纳：勐遮。

第四版纳：勐滘（勐板附）、勐腊（补角补竜附）。

第五版纳：六顺、整董、勐旺、竜得。

第六版纳：景昽、橄榄坝（勐罕）、勐仑、勐崧。

第七版纳：勐满、勐康（即勐亢）、景洛。

第八版纳：勐捧、勐润、勐漭。

第九版纳：普藤。

第十版纳：勐拉（勐伴附，按勐拉即思茅）。

第十一版纳：勐乌、乌得。

第十二版纳：倚邦、易武。

上列十二版纳之次第及配属，系前勐遮土千总刀忠良君代由傣泐文（即十二版纳通行之水摆夷文）典籍录出者，一仍其旧，与中籍所载者不同。为数凡十有二，故曰十二版纳。或一勐[①]为一版纳，或数勐为一版纳不等。同一版纳，而疆域又不必尽相毗连，但求户口及田土面积大概相等，可以均等负担一部分钱粮者，即秦越亦可并作一版纳计，如勐腊之与勐滘[②]是也。其对缅者，或谓因缅人例外之苛索，必得析第六版纳之景昽，即宣慰使直辖地另为一版纳而为十三

①摆夷语州、县、郡、国，曰“勐”，“一勐”即言一县或一个地方。

②勐滘属今佛海县，勐腊属今镇越县，中隔勐海、勐龙、车里、橄榄坝、勐仑、勐醒、勐远等地。

份征贡，是为干朵（缅语纳贡之义）版纳，或称十三版纳以此，但据《泐史》所载，祖腊九三四年（1572）车里礼聘阿瓦，则仍仅十二个单位。其区分如下：

第一版纳：景昽、勐罕等宣慰使直辖地。

第二版纳：勐遮、景鲁、勐翁。

第三版纳：勐龙。

第四版纳：勐涽、勐板。

第五版纳：顶真、勐海、勐阿。

第六版纳：景洛、勐满、勐昂、朗妄、勐康。

以上为江西六版纳。

第七版纳：勐腊、勐半。

第八版纳：勐岭（即普腾）、勐旺。

第九版纳：勐拉（即思茅，并包括六顺）、勐往。

第十版纳：勐捧、勐润、勐漭。

第十一版纳：勐乌妄、勐乌得。

第十二版纳：整董、播剌（即倚邦）、易武。

以上为江东六版纳。

至我国所云十三版纳，则又系以每一土千总、或一土把总地为一版纳计：车里宣慰使司，原辖有六顺土千总、倚邦土把总、易武土把总、勐腊土把总、橄榄坝土把总、勐遮土千总、勐阿土把总、勐龙土把总、普藤土千总、勐旺土把总、整董土把总、勐乌土把总、乌得土把总等十三土司地，故曰十三版纳。又《普洱府志》：顺治十八年（1661），吴三桂以普洱、思茅、普藤、茶山、勐养、勐暖、勐捧、勐腊、整歇、勐万、上勐乌、下勐乌及整董为十三版纳。自勐乌、乌得两土把总地割归法属而后，即已不复有十二版纳矣！至于景洞，向在十二版纳之外。元为耿冻路，明永乐初，设孟艮府，隶云南都司，后为木邦、缅甸先后所并。清乾隆三十一年（1766），清军讨平莽缅，又复内属，置土指挥使。光绪十二年（1886），英人进略上缅甸，清室不能维护，遂亡。景洞并非十二版纳中之一版纳，史乘具在，可考证而知也。

竹村先生曰："江外之车里……一切风俗习惯，完全与江内不同。"按江内之勐腊、勐捧、普藤等地，不唯人种、风俗、习惯、语言及文字完全与江外各地相同，其地面之广袤，摆夷百分比之高，亦不亚于江外之车里、佛海及五福等县，以言施教，似当一律。

竹村先生曰："但全境民众，仍只知土司宣慰司之命令是从。各县长政治设施，必由土司宣慰司转达民众，乃可畅行有效。"按一般土民，实并无只知土司宣慰司命令是从之绝对倾向。现下各县政府命令之必由土司宣慰司转达民众者，其根本原因，在于言语文字之隔阂。第二殖边督办禄国藩介卿先生，前在普洱有缅文讲习所[1]之设，盖鉴及此。其次则各县长官之偷惰阘茸，贪污苟贱。实有以启之。县政如包办，上至秘书科长，下及厨工水火厮役，不肖县长，盖无不思

①民国十九年（1930），普洱第一区殖边督办禄国藩介卿在普洱办一"缅文讲习所"，实即讲习摆夷文，盖国人误摆夷文、老挝文（见《清史稿》）为缅文，相沿不考，以讹传讹者久矣。

一人扮演，囊括一切，佐治既告乏人，一切政令，自不得不委诸土司宣慰司，大权旁落，造成人民唯土司宣慰司马首是瞻之趋势。此后省府一方面但能勒令沿边各政治工作人员，必须于相当时期，娴习摆夷语文，务使能直接发布命令，不假转译；另一方面，除如竹村先生所言，边官须慎选出之而外，并须严定县府组织，课其勤惰，检其贪廉，严明赏罚等，即足以救此弊。又查年来各县长官中之比较贤良者，土民颇为拥戴，每思能直接汉官，而脱离土司之压榨。盖以各地土司苛派繁多，举凡生养死葬，以至骄奢淫乐之所费，无一不唯土民之头上是问。土民供应土司头目人等之数，远超于汉人政府之赋役故也。倘得贤能边吏，复能通晓摆夷语文，则所有政治设施，自勿须土司宣慰司之转达，而发号施令，径可畅行无阻也。

竹村先生曰：“查沿边气候，极为炎热，瘴气无地无之。若于夏秋之交，而新适其地者，不死即病；于冬春二季前往，仍可居之怡然。”此亦未可一概而论也。沿边区域辽阔，地势高低不一，故气候亦颇不能一致。如车里、临江及镇越之勐腊、勐捧一带，其海拔较低，自然燠暑，然温度最高不过华氏表九十四五度。车里间有一二年达一百〇八度者。然一年之中，最多不过一二日；而一日之中，最长不过一二时已耳。其他海拔较高之区：如五福、佛海及六顺等县，温度最高八十八至九十二度；最低四十度，通常不过七十度左右，可称温和。至于说：“若于夏秋之交，而新适其地者，不死即病。”此言于百分比率，有无科学根据？窃以为当视其人之体质素因，与夫摄生条件如何为断，不能完全归罪于地方气候也。若不知摄生，“冬春前往”，亦未必能“居之怡然”。边地虽称瘴乡，然亦未可一概而论也。

竹村先生曰：“因摆夷既系马来人种。”按摆夷为古百越的一支，唐、宋载籍作“白衣”，元时作“白衣”或“百夷”，亦作“金齿百夷”，明作“百夷”，至清始有“摆夷”之名。[①] 滇东南开、广一带之农人，滇南之沙人，广西之壮人，贵州之仲家、水家，湘、黔、桂三省毗连地带之洞家（近作侗），越南三邦之一之老挝，缅甸之掸人及暹罗之泰人，皆此种民族也。其自称曰歹（近作傣），盖自许为自由及高贵民族之谓。其人发粗直，带黑色，肤色黄褐，头短，颜面广阔，颧骨突起，鼻广而低，口大，眼稍作斜状，与汉族大体相同，崇奉佛教，语言为单音语，属蒙古利亚种印度支那支族之一种黄褐色人种。至于马来人，则为马来种马来支族之一种棕色人种，发直而柔，呈墨黑色，肤色暗褐，头长，颜面作椭圆形，颧骨低，鼻大，唇厚，此其一般之性质也。崇奉回教，语言为复音语。两相比较，相差很大。今竹村先生曰“摆夷既系马来人种”，愿得闻其详焉。

竹村先生曰：“摆夷使用缅甸语文字”。现今一般人均认此方摆夷所用之傣泐文为缅甸文，此乃未细加

①白衣、百夷、摆夷，疑均为布依之异译。

考察之故。按摆夷使用之傣泐文，为一种衍声文字，由字母（声母）与发音符号（韵母）组合而成。书法横衍右行如欧美各国文字。一般人以其所用字母外形与缅甸文字母大体类似，遂指为缅文，其实与缅甸文字大相径庭，亦犹英法文然，虽同用罗马字母，但不能遂指英文为法文，或指法文为英文，更不能指今之国语罗马字而为英文或法文也。与暹罗文则大同而小异，盖同出一语源者，不过外形之差异，则反较缅文为大耳。傣泐文字母四十一，加复合母十五而为五十六。有正音，有变音。单独应用时读变音，与符号并缀时读正音。符号二十一，衍化可至百余。拼法简易，但能认识其字母符号音读及拼法者，即可阅读。又傣泐文有阴平、去、阴入、上、阳平、阳入等六声。举凡音读、正、变、拼法、点声等，皆与缅甸文字不同。至于文法，则缅文动词在名词之后，而傣泐文动词在名词之前；缅文有所有格代名词而宾主位不倒置，傣泐文通常不用所有格代名词而宾主位倒置。又缅文不分单数或复数，傣泐文则单数数词置于量词之后，复数数词移置于量词之前，以为单数抑复数之区别，尤属根本不同。兹略举缅语及傣泐语于后，以资比较：

缅语吃饭曰“特敏咱”，缝衣曰“音极巧”，建造房屋曰“恩扫”，“特敏”为饭，“咱”为吃，“音极”为衣，“巧”为缝，“恩”为房屋，“扫”为建造，动词俱在名词后；傣泐语吃饭曰“金豪”，缝衣曰“耶设”，建屋曰“帮很”，“金”为吃，“豪”为饭，“耶”为缝，

“设”为衣，“帮”为建造，“很”为房屋，动词俱在名词之前。

缅语我的父曰“尊多以阿披”，尊多为我，以为的，阿披为父，有所有格代名词，而宾主位不倒置；摆夷语我的父曰“波好”，波为父，好为我，无所有格代名词，而宾主位倒置。又缅语一匹马曰“敏得扛”，二匹马曰“敏聂扛”，一个茶杯曰“勒佩耶薄杠得笼”，两个茶杯曰“勒佩耶薄杠聂笼”。敏为马，得为一，聂为二，扛为匹，勒佩耶为茶叶，薄杠为杯，笼为个，数词皆在量词之前，不分单复数；摆夷语一匹马曰“麻多楞”，两匹马曰“麻双多”，一个茶杯曰“玩晃内楞”，二个茶杯曰“玩晃双内”，麻为马，多为匹，楞为一，双为二，翫为碗，晃为茶，内为个，数量词虽如缅语之在名词后，但单数数词置于量词之后，而复数数词置于量词之前，与缅语之不分单复数者不同。

因限于篇幅，不能多为举证。总之，缅甸语文与摆夷语文，绝不相同，无一似处。深盼此后研究摆夷语文字之士，勿再人云亦云，一口咬定摆夷语言文字即缅甸语言文字，使阅者如坠五里雾中，遗学术上无穷之纷扰！

竹村先生曰：“凡知边情者，皆以移民开垦诸大端为急务，殊不知已有之民而不能管理教养之；已种之田而不能耕耘之、改善之，舍近求远，徒事铺张而已。”又曰：“摆夷既能耐瘴，应即以改善其生活为前题。”所云已种之田而不能耕耘之、改善之，此亦未能深知现实边情者之言耳。请问，耕耘之改善之之最终目的，是不是希望劳力少而收获多？若然，则余敢大胆而言曰，十二版纳摆夷农作劳力之少，收获之丰，已属难能可贵了。十二版纳天候温暖，无旱无潦，土质肥沃，摆夷只须于五六月天雨满田之时，一次耕种而后，即可不闻不问，无须耘耨，秋后自然丰收，一年农作时间，统计不过二三十日，而收获之丰，往往足供二三载之需。人食而外，以至犬马鸡猪，无不以米谷为饲料。他如酿酒杂耗，每年消费，为数亦巨，然而米价之贱，历来皆为内地所不及。盖生产多而消费少故也。当今地旷人稀，交通梗阻，运输不便，摆夷草草耕种，已有供过于求，谷贱伤农之慨。若再将“尚未开垦者居十之六七”之地，舍远求近，不假移民，即以原有有限之土著居民而一并耕耘之、改善之，不将更有谷满之患乎，亦事实所不许（劳力不足）也。夫移民开垦，对内可以消减因人口过度集中而引起之一切病态：如失业、盗匪等严重问题，并可开发富源，增益国家富力；对外则开发荒地，充实边疆，巩固国防，可以绝外人觊觎之野心；借可沟通边民知识，消弭隔膜，与内地住民，打成一片，休戚与共，杜外人之离间利用，永绝边患。如果一般伟人先生，能相率到边疆开发（不专为云南沿边说法），则多年来循环往复之内战，或亦可因而消弭下去，利莫大焉。按思普沿边新改各县地积，达十万方里有奇，人口不过十六七万，平均每方里居民不及二人，每方里最低度以容纳十人计，至少尚可增加八十万以上之移民。如此地旷人稀之区，若不假移殖，徒事改善原有之少数土著居民之生活，听任边疆重地，长此空虚下去，实非计之得者。边衅但开，何以为御？舍远求近之结果，不过使边地长此空虚，大好山河，荒置无用，何若“舍近求远”之足以充实边疆，巩固国防之为益也。须知吾人主张移民实边，殆有不得已者在，岂可视为对付“征服之邦，殖民之地”之举措乎？至谓“摆夷能耐烟瘴”，移民恐不耐烟瘴，恐“不死即病”。然而独不可尽能耐烟瘴之民而移植，而定“冬春两季”为移殖之期耶？果如李竹村先生所言，移民开垦为“舍近求远”，为“徒事铺张”，则殖边机关，概可裁撤，政府又何必虚糜纳税人之无数血汗于无用之地耶！至于年来殖边署之实际工作效率如何，则又另一问题，不能因噎而废食也。以改善原有土著民为借口而非移民殖边之远大计划者，曩得闻诸一二贪污边吏之口；彼辈利在民愚，诚恐一旦移民增多，边民智识随之增长，足以障碍其搜括之道也，奈何有识者亦从而和之，是诚足阻碍政府远大之谋，而贻边疆于无可开发繁荣之望也。至于能否教养原有居民一层，似与移民殖边，风马牛不相及，兹不多赘。

二十二年三月三日于佛海

原载上海《朔望》半月刊第十二期（1933.10.15）

附：

李竹村：《思普边情及治边意见》

查沿边各县区，系另成一范围，东南界法、越，西南界英、缅，西北界澜沧，正北界景谷、思茅，东北界宁洱、墨江、元江，东南西三面，均与英法二强国接壤。界线长至一千四百余里。幅员由东至西约千余里，由南至北约七百余里，古称十三版纳，景洞系一版纳，已为英国占据，只有十二版纳。合计十二版纳，共有人口十六万人，澜沧江由北而南，中贯十二版纳中心，俨然成为江内江外之形势。江内之镇越、六顺、江城等县区则汉夷各半。各项建设，已略有基础。江外之车里、五福、佛海、临江各县区则百分之九十以上俱为摆夷，一切风俗习惯，完全与江内不同。督学此次南行，亦系由思茅经普文、六顺而渡江，凡江外之车里、佛海、五福等县，除学务外，一切政教风俗，均已附带调查，兹就江外各县区情形，为钧长详陈之：

一、改流设县之经过：查沿边虽自大德元年（1297）用兵设官，当时不过称臣纳贡而已。数百年来，屡反屡平。至清末，始完全克服。民元边防督办柯树勋乃条呈治边十二事，于是立改流之基础。分十二版纳为六个行政区，于车里设总局，柯氏任局长，遂相沿至十五年，号称无事，竟有世外桃源之称。唯柯氏十二条陈第二款筹款原文“今拟略仿英人之于孟艮办法，每户每年征二元，以半数归土司。以半数归汉官”，相沿至今，未曾改变。其余若学堂、实业、邮电、开垦各事，至今无一成绩之可言。柯氏久居边地，隐以孔明平蛮自负，喜功专制，渐萌部落割据之念。民十七，道尹徐为光改行政区为县治，遂有广人两次战事，徐氏改县，心切意在提高其政治地位与内地各县共同进展，而于沿边之政治地理，似少深刻之观察。改县以后，仍相述柯氏之十二条陈，流弊百出，善政无一表现，故人民至今，尚多追思柯氏者。查柯氏固有征服之功，惜无根本治理之才，徐氏只知提高政治地位而不明沿边之社会地理，此改流设县之大概经过也。

二、汉夷之政治现状：查沿边虽由行政总局改为县治，但全境民众，仍只知土司宣慰司之命令是从。各县长政治设施必由土司宣慰司转达民众，乃可畅行有效。车里宣慰之下，有议事庭，凡属政令，必由议事庭通过，乃发生效力，完全为合议制。人民田土公有，婚姻自由，偶有纷争，多由议事庭解决，汉官可以安坐而治，终年不开堂审讯，监狱亦鲜囚犯，非亲履其地者，绝不能意想如是之政治现状也。

三、气候物产与社会情形：查沿边气候，极为炎热，瘴气无地无之。若于夏秋之季，而新适其地者，不死即病，于冬春二季前往，仍可居之怡然。现车里、五福、佛海三县，迁居之汉人，已逐年增加。物产樟脑、紫梗、棉花、谷米为大宗，平原广远、肥沃润泽。尚未开垦者居十之六七，诚天富之区也。社会情形：因摆夷既系马来人种，居处又为炎热之地，信仰佛教，使用缅甸语文字，故一切习尚风俗，与汉人迥然不同。

四、边官应特别注意教育：查沿边既属政简刑轻，即可乘此时机，推行教育，使民智提高，渐脱土司之专制而免汉官之鱼肉，欲改善其生活，打破其迷信，若不注重教育，皆舍本逐末也。

五、治理沿边之管见：凡知边情者，皆以移民开垦诸大端为急务，殊不知已有之民而不能管理教养之，已种之田而不能耕耘之、改善之，舍近求远，徒事铺张而已。治理沿边，厥有数端：（一）首宜认清为极边远之区，绝不能与内地相提并论。气候炎热，瘴雨蛮烟。摆夷既能耐瘴，应即以改善其生活为前题，不可视为征服之邦，殖民之地。（二）摆夷既系异种，其原有之宗教文字，仍许其信仰学习，地方官但能因势利导，随其性而教之，灌输以常识，令其学习汉语汉文，使知汉人语文之利益而明了国家观念，不致为野心操纵鱼肉。（三）摆夷田土公有，婚姻自由，乐善好施，谦让和平，几为欧美文明国家所不及，极应光大发扬，不可视为蛮风，一切破坏。（四）将来汉夷杂居，对于夷人应有相当保障，不可听汉人之侵越剥削。以上四事，实为改良之策，治本之图也，至若听其自为风气，因于统一主权与行政系统上发生障碍，但其宗教文字与良善风俗，仍应培养保存。既不能高谈孙总理民族自决之说，最近限度，亦应予摆夷如回教在中国信教服食自由同等之地位。若得政府慎选边官准此方针治理，并特别注重教育，不唯土司威权，日见崩溃；汉官法令，人民亦乐于接受，逃入英缅法越之人民，必不禁而止。与视柯氏之征服割据，与徐氏之徒提高政治地位，增加人民负担，当迥乎不同。不独沿边二万户苍生，出水火登衽席，凡居滇边之摆夷十数万众，亦同庆更生矣。

关于《到普思沿边去》一文中的几点说明

楔　子

已经是两年前的事了，那时我还在佛海，云南边地问题研究的编者饶绍伯先生来信说，昆华民众教育馆准备出版一部研究云南边地问题的专集，要我撰写一篇有关普思边情的文字。信中并且提及李文林竹村先生已有一篇五六万言的长稿，投寄到馆。奈俗务纷繁，弗暇握管，即绍伯先生的信，也未及作覆。绍伯先生不以为忤，上卷出版，很快地惠寄一册，意思是在鼓励我快点儿动笔，终以尘事碌碌，到底还是交了白卷！

最近在朋友处得到下卷，成了完璧，材料丰富，印刷装订亦佳，为近今研究云南边地问题极为难得的一部巨大论集。尤其是有关研究普思沿边一带问题的文字，特别来得多，占了下卷（448 页）分量的过半数（238 页），足见国人对于界逼英法两强之冲的普思沿边，已逐渐重视。其中特别使我感兴趣的是李文林先生《到普思沿边去》那篇洋洋巨著。文林先生能够在短短的时间，有这丰富的收获，不能不令人深致惊佩！

说起这一部书，英印政府，现已译成英文研究，他们称之为黄皮书。在加尔各答《政治家报》上，已有所评论。对李景森君《葫芦王地概况》一文，颇有抨击。同时并在图书博物馆招待一些记者，放映卡瓦山的幻灯片，以为其抨击之佐证。但是问起侨胞，尤其是滇侨，竟尚无人获知云南已有这部云南边地问题研究巨著出版。至于李景森君那篇《概况》的内容如何，外人的批评当否，与此无关，且不具论。但于此足见外人对此书的注意，诚有如绍伯先生所说，甚于吾大中华民国所抱的兴趣为浓厚也。

我现在所要加以说明的，就是下卷李文林先生那篇《到普思沿边去》一文中，对吾人拟办的边地公益事业，如边民学校以及救济南洋失业侨胞以开发边疆的主张等等的不惜捏造黑白，任意栽诬；对边疆地理、民族、语文、特产等的认识纰缪，不得不予以驳斥和纠正，以澄清视听。

吾人没有文林先生那一股武断精神，未敢肯定地说：文林先生对于吾人捕风捉影的批评、栽诬，有无意气用事，故意离开事实、混淆视听，以遂私图？不过觉得文林先生所说的，与吾人事先公开发表过的以及地方上关心边疆建设之士，几经调查，反复研讨规划的，均大有不同。譬如黑夜东向行军，星光虽微，然而凭借闪烁在左边天空的北辰指引，我们是不会走错方向的，文林先生硬说我们是走向西方去了，我们有何办法能把弯牛角扳得直呢！我们只有再郑重地向文林先生说明一声，我们确是向东方走的啊，如果不信的话，只有等到明天天亮的时候，日头出在我们的前面，那时你再来看罢！孟子曰："予岂好辩哉，予不得已也。"今且先由边民学校说起：

第一点　边民学校

关于边民学校之筹备，在当时实在是一种需要，而不是所谓"为独树一帜的好奇心所趋使"，若仅凭所谓为独树一帜的好奇心所趋使而办教育，则真末道矣。并且这种需要，不唯在当时公立学校仅有二十余生徒时为然，即公立学校增设至七八校，学生增至三数百名之现在，这种需要的程度，也还不见得减低下去。以拥有三万人口之当时佛海，仅有三班二十余名学生，就学人数不及千分之一，而文林先生竟谓为已达"首屈一指"之境地，指学校之增设为"锦上添花"，这是我们所不敢苟同的。

文林先生又特别为周文卿君捏造不少歪曲不实、捕风捉影的话，以为攻击的借口曰："边民学校设备……使学校家庭化，学生生活阶级化，学校环境优美化……使儿童乐于入边校而不乐于入缅寺，亦不乐于入教会学校，更不乐于入公立之汉文学校。"文林先生，你不是明明说周氏商人，究说不出学校宗旨何在吗？那么这几句漂亮的话，是谁杜撰出来的呢？那只有文林先生你不打自招，你自己心里明白，要你自己负责了。

至于边教经费，我们原是计划请当地殷商自由乐捐及向南洋各地友好请求资助，但均尚未开始发动。今文林先生曰：周君仍还是在老百姓身上打主意一层（文林先生所引用周君之言，是否真实？尚待函询）。照文林先生的语气，似乎是要完完全全由“各大商捐款”来办，才不为向老百姓身上打主意。于此我得先问一问，各大商是不是也应该算为老百姓之一份子呢？若然，纵边校经费完全由周君个人或完全由所谓“各大商”支付，那依然不外由老百姓身上打主意也。且天地间公私立学校之经费，除了直接或间接地向老百姓身上打主意之外，难道上帝会由天上掉下一笔款子来给人间办学校吗？若所谓“各大商”在文林先生的法律中不能算为老百姓，则又当别论也。

民国十八、九年，佛海独一无二之县立小学校，系设立于县府左侧的一间茅屋里面（樟脑公司旧址），生徒二十一二名，都是汉人子弟。那时主持教政之潘镇乾老先生公开反对吸收土民子弟入学。这当然不是政府的意旨，可是吸收土民子弟入学，在那个时期，便无法做到。而当时学校之一切施为，亦颇不能满足一般在学学生家长的愿望。由于一般人们共同的要求，所以才有边校之筹议。当本人旅游京、沪、闽、粤、南洋时，并曾与若干友好，详为研讨，深荷赞许，并承考试院戴院长传贤题赠边校匾额，凡事公开，并无不可对人言者。召开第一次筹备会议时，曾邀请主持教政者参加指导。经启事声明，边校宗旨很简单：提高土人文化水准，促进汉土文化交流，融洽汉土居民感情，互助互赖，共存共荣等数端而已。启事并特别声明，边校仅收容公立学校不收之土民子弟。同时并宣告：如果公立学校能充分收容土民，能满足一般希望土民能同受教育之人士之愿望时，则我们所筹备的一切，可以完全提供于公立之学校，对于教育，实无所谓公私之界。最近周文卿君因鉴于公立学校已逐渐改进，已兼收土民子弟而苦于经费之不充分也，特慨捐巨款，建筑砖瓦街房三十一间，呈送县府，请按月收租，专作公立学校之长年经费，所制桌凳，亦同时移赠公立学校。凡此，即为一铁的证据。且周君并无后嗣，文林先生所谓“以诸君之子弟均可就学”，曰“破坏公学”等等，更不攻自破矣。

又文林先生认为边校内容系“勉强学步昆明市生生保育园、南菁小学”。当时边校校董中虽不少在国外曾参观过西人所办之中小学校及幼稚园，却并无一人曾经参观过位于昆明的这两个教育机构，梦想不出其中之办理情形，根本说不上“依样”葫芦也。

总之，边校有缘起和简章，在文林先生未莅边以前，即经呈报县府立案，并油印分发。还有启事及会议记录。文林先生在佛海逗留半月余之久（根据文林先生日记），何不找这些材料作批评之依据，何苦捕风捉影，捏造黑白，任意借词栽诬。斯真百思不得其解。

第二点　救济南洋失业华侨以开发边疆

我在《南洋失业华侨与开发边疆》一文中有曰：

“当清末宣统元年，勐遮土司负固为乱，清政府征调滇湘军旅万人赴之，未及半载，疾病死亡，不战先困。后得一营粤军，方告克复，而鲜瘴亡者。此部粤军，今犹多数健在；又滇南河口，亦一般人所视为瘴乡者，而闽粤人处之泰然，此为闽粤人适宜于滇边气候环境之最好明证。”此文载《新亚细亚》二卷六号。不料文林先生竟在其《到普思沿边去》一文（118页）中，把它改为“滇、黔、湘三省之人，俱不宜在沿边，凡三省人之从军沿边者，其后皆死亡殆尽，唯适宜于两广人。凡两广人之从柯氏远戍沿边者，今皆安危无恙”。又曰：“某氏欲见好南洋侨胞，而不惜抹杀滇黔湘三省之人。”我真佩服文林先生罗织人罪之大胆，设先生一旦而为执法之官，那岂不是将随意之所至，擅改人民供词，而任便生死人吗？《新亚细亚》二卷六期，非文林先生一人之力所能尽毁，阅先生文者，设有复按，则先生引文之不忠实，其将何以服阅者之心乎？《普思沿边志略》载：“宣统二年正月……饬已革知县黎肇元查办乌得及勐海事，电请拿办遮海乱匪，许之。三月，肇元进兵攻夺蛮肺匪巢。”又“四月，迤南道杜庆元电请调兵剿办遮顶叛酋，哨弁刘万兴、土兵管带李文才先后死之，督办刘成良在防瘴故，士卒病亡过半”。又“鏖战数月，耗费子弹甚多，无大胜负。唯时雨水盛发，烟瘴剧烈，我军病亡过半”。拙文所述“未及半载，疾病死亡，不战先困”者，即系根据于此。至何部为湘军，何部为本省军，则据诸文件及口碑。

目击或参与斯役者，今尚不少健在，可资复按及征询。且上文系闽、粤并举，为失业侨胞筹谋一足可发挥其劳力之地，安身之所；同时为国家实边固圉之百年大计，提供一得之愚，根据事实上之需要而鼓吹招徕则有之，见好则无必要也。文林先生又曰："但吾滇人之安土重迁，不求发展，所谓穷走夷方急奔厂，此种轻视向外发展之态度，亦殊属错误至极。嗟呼蛮荒万里，急待开发，男儿事业，改善民生，巩固南陲，勿让祖生先著我鞭也。"以滇人而开发滇边，当然是最理想之办法。我在缅甸时，即曾首先向旅缅滇侨鼓吹过，但所得的答复是："那个烟瘴地方，怎可去得。"再则云南地域辽阔，原已地旷人稀，内地各县，尚多数未能开发尽利。人情好逸而恶劳，滇人之安土重迁，已如文林先生自己所说。且《南洋失业华侨与开发边疆》一文，完全是为救济失业侨胞之一种说法。南洋侨胞不仅闽、粤两省之人（旅缅滇侨即有一二十万，唯清明前后，多数赋归），不过以闽、粤两省之人数为最多，乃闽、粤并举耳。我既生非百粤，亦未挂籍八闽，根本说不上见好，更说不上抹杀。须知闽、粤与滇，并非敌国，政府能否采纳拙见，将失业华侨移实滇边，尚不可知；纵能采纳实施，也未见得即会于滇有损。文林先生不必在脑筋中横梗着一条省界，应把眼光心胸放远大点，用不着跟孟禄先生的尾巴跑，自惊伯有，大声"嗟呼"，"勿让祖生先著我鞭也"。同时我还得提醒文林先生一声，目前布满全滇各城市乡镇之云南人，十分之七八，都是由全国各省区或先或后移滇定居的，文林先生勿妨就旅游所及，向各个汉人家庭，洽借其家谱一阅，便可知其消息也。真正的滇省土著，恐不过十分之一二而已。此外，我还得提出一个异议：文林先生没有得到我的同意，竟擅自替我挂籍柳州，恕我不能承认！

第三点　地理沿革与茶产概况

车里一名，原统括车里宣慰司辖境而言。地本甚广，据《读史方舆纪要》所载：东至落恐蛮界，南至波勒蛮界，西至八百大甸宣慰司，西北至元江军民府界。又《云南通志》曰：其地东至元江军民府，西北通孟连长官司者乐甸。傣泐文历史曰：北以元江为界，南与景海为界，东与老挝为界，西以南孔（即萨尔温江）为界。至清末民初之车里宣慰司领域，则局限于普思沿边特别区范围，亦即普思沿边行政总局之辖境。然自民国十八年国府公布将普思沿边八行政区分别改为车里、佛海、五福、镇越、六顺五县及临江一设治区之后，由统括车里宣慰司全部辖境即十二版纳而言之车里，一变而为车里县一县之专名。于是车里一名，遂与车里县一名互相牵混（亦犹云南省之沿云南县而为名。不过车里县，系沿统括车里——十二版纳全境之公名，而缩小为一县之专名；云南则反是，系沿专指一县之私名，而扩大为统括全省之公名。其牵混则从同。所以后来逐改云南县为祥云县以为别)。文林先生未把车里与车里县分开，同时对于时地之沿革变迁及茶产分布之今昔情况闹不清楚。信口雌黄，危言耸听，一则曰“若由思普直往车里，在五六百里长途中，仍不见一株茶……盖当日沿边各勐属思茅厅管辖，思茅又属普洱府治(?)。以思茅代表沿边，以普洱代表思茅，以统治阶级之满清政府，宜乎有此虚伪冠冕之名目。不意又有人以车里代表佛海、五福，虽较普茶差进一步，事实上仍与普茶同一虚伪。勐海(佛海)不唯产茶最多，且为江外商业中心……与其用车里，何如用九龙江”。再则曰:“此事虽小，影响实巨。以前划界大员，往往在地名书面上欺骗朝廷与国人，如往沿边，方到普洱、思茅，即谓深入极边。丧失边疆，遗留悬案，虽其原因甚多，用代表名词以自欺欺人，误辱国体，实为主因。此种虚伪冠冕之观念，不及时打破，害正自无穷。”我真梦想不到短短一篇《西藏与车里之茶叶贸易》一文，竟引出文林先生这篇堂皇大议论。以原来统括车里宣慰司领域即十二版纳全境而言之车里一名，以为位于十二版纳中之车里、镇越、佛海、五福、临江等县区说法，竟有这么多这么大的罪状:曰“虚伪冠冕”，曰“丧失边疆”，曰“遗留悬案”，曰“自欺欺人”，曰“误辱国体”，曰“害正自无穷”。这种罔顾事实、信口雌黄、危言耸听、任意栽诬、胡乱给人披上赭衣之论，岂是一个负有崇高使命，督导一方教育事业者之所宜有，能不令人长太息乎？

根据文林先生日记，文林先生由宁洱到车里，系启道思茅，经老军田、普藤坝、景东寨、关坪、土锅寨、小勐养而至车里。这一条路线上，可惜尚无人发明植茶以作行道树，宜乎文林先生看不到一株茶树也。如果文林先生肯把富贵的脚步向左右转进走走，别的不说，在土锅寨及小勐养之左近，当可看到车里县管下，周袤数百里不断之驰名全国之普洱茶之重要产区，名列六大茶山之一攸乐大茶山也。

文林先生曰："勐海（佛海）不唯产茶最多。"把佛海两字，用括弧紧接在勐海两字之下，以勐海代表佛海。所以在第八三页遂有"汉人称沿边，夷人称十二版纳；今称车里，夷人称九龙江；称佛海为勐海；五福为勐遮"之语。把汉夷对沿边地名之分歧称谓及统括或专指之地名，未分别明白，缠夹不清！须知，佛海系包括勐海、勐混、勐板及景洛四个土司地而言，言佛海，则上举四个区域，皆可包括在内；而勐海不过为佛海县治所在之一个土司地区，不能用以代表佛海县，五福亦然；五福系包括勐遮、顶真、勐满、景鲁、旧笋、西定、蛮迈兑等七个土司土目地而言。言五福，则上举七个区域，皆可包括在内；而勐遮不过为五福县治所在之一个土司地区，不能用以代表五福县。至车里一名，在改县前，原系统括车里宣慰使领域亦即十二版纳全境而言。改县之后，演化为车里县一县之专用名称，前已交代明白。车里县辖有车里宣慰使司直辖地景洧及勐龙、橄榄坝两土把总司地，以及攸乐、景哈、勐养、勐崧等四土目之地。言车里，则以上七个区域，皆可包括在内。至九龙江，乃车里宣慰使司直辖地景洧之汉称，仅指车里县治所在之景洧一个地区而言，不能用以代表车里全县，更不能用以代表车里宣慰使之全部领域十二版纳。再则夷人只呼勐海为勐海，勐遮为勐遮，景洧为景洧；并不称勐海为佛海，勐遮为五福，景洧为车里或九龙江也。这些地方，都应该分别清楚。譬如昆明，虽为云南省会所在地，但不能于昆明两字之下，用括号如上云南两字，便以为可以代表云南，这是说不通的。如果文林先生所说产茶最多者，系仅就勐海土司一个区域之产量而言，那真可说是微乎其微。若系就佛海县全境之产量而言，在当时亦尚在车里县产量之下。普思沿边各县茶叶产量，文林先生曾否精确统计过呢？若仅凭想当然耳，或者到勐海看见各茶庄由车里、五福、临江各县局产茶区，运庄待制，堆积如山之茶叶，便以为勐海产茶最多，那是与事实不相符合的。据 18 世纪末，檀萃之《滇海虞衡志》所载，十二版纳茶叶产量，以江内之六大茶山为最盛，入山作茶者数十万人。思茅老一辈的大茶商见告：清道光（1821 ~ 1850）同治（1862 ~ 1874）间，易武区产额为七万担，倚邦区为二万担，年共九万担。回乱后，产量锐减。光绪二十年（1894）间，易武区产额减为二万担，倚邦区产额减为四千担，年共二万四千担。宣统（1909 ~ 1911）

间，易、倚两区共产一万三千担。民国七、八年，再递减至六千七百担。民国十年以后，江外茶产量，因受到国际市场之刺激，由年产二三千担增至二万担，近复增至三万七千担。至车里、五福、佛海三县之茶产量，初为七五与五五及七〇之比。最近佛海、五福产量，俱有增加，约为七与六及八之比。须知，《西藏与车里之茶叶贸易》一文中之车里，系包括十二版纳而言。车里与车里县不同，亦犹云南与云南县（今改祥云县，前者系指云南全省）之不同也。文林先生曰："与其用车里，何如用九龙江"。按九龙江乃澜沧江在车里宣慰司治一段之又一名称，仅汉人及西人有此称谓，傣人仍称九龙江为"南匡"，或"南荒"。一般汉人（包括西人），亦借以称呼车里宣慰司直辖地，即车里坝子，亦即车里县治所在之地。车里县治所在，傣语呼为景滀，或译景洪或江洪，傣文读音作景昽，亦译景龙，不呼九龙江也。至于车里县属之产茶区域，远较五福、佛海两县之产茶区为广大。江内有六大茶山之一之攸乐大茶山，江外有南糯、勐崧及蛮芳诸茶山。勿论攸乐产，南糯产，勐崧或蛮芳产，均可称为车里茶，但绝对不可称为九龙江茶，因车里坝子，即一般汉人所称之九龙江，并不产茶也。如依照文林先生"与其用车里，何如用九龙江"之主张，而称车里茶为九龙江茶，其不嗤之以鼻者鲜矣！

雍正七年（1729），改土归流，以江内之思茅、普藤、整董、勐乌、六大茶山、橄榄坝等六版纳地置普洱府。当时六大茶山之茶叶产量，为普思沿边一带之冠，而江外所产少数，都得先后集中于普洱或思茅上纳课税及加工制造，以普洱或思茅为集散地，普洱为府治，普洱茶一名之由来，当即以此。亦并无不合理之处。有土著口碑，有《云南通志》《云南事略》《普洱府志》《思茅厅志稿》等书可参考。这些书，云南图书馆及佛海近代图书馆皆有收藏，文林先生久居昆明，又曾旅佛海多日，何不先参考查看，并博访周咨，再为著论。

第四点　摆夷人和马来人

当我知道我那篇《云南边地江外各县调查》书后一文，冒昧投寄到文林先生手里之后，关于摆夷人是否即马来人此一问题，以为文林先生一定会找几部人类学的著作来仔细研究，或再设法到马来地方走走，亲眼观察一下马来人的身体、肤色、头型、毛发、面目结构等形状，旁及生活方式、各式建筑、家室布置、语言文字，然后重作论断；不要再死抓住钟佐衡氏那篇与摆夷民族风马牛不相干的《西婆罗洲之现状》一文，来作摆夷种属论断之依据。可是，令人失望之至。文林先生在其《到普思沿边去》第五章有曰："又观南洋群岛西婆罗洲之马来人，据钟佐衡氏所著《西婆罗洲之现状》一文云：'所居房屋，极其简单。因其地潮湿及毒蛇勐兽猖獗，故其建屋于木桩之上，使地板离地数尺，借以避免。又妇女周身金璧辉煌，赤贫之妇必手御镀金戒指。’以上列肤色、须髯、建筑、装饰数者比较，马来人与摆夷均大同小异，摆夷殆即为马来人种耶？唯有待于血缘之证明耳。”又第十五章曰：“钟佐衡氏所著《西婆罗洲之现状》，所述马来人种之建筑式样，与沿边民房大致相同，由此可知此建筑物系由南洋群岛方面带到沿边来者，更可证明沿边摆夷是马来人种也。”说到末了，仅仅根据建筑一项，便大胆地肯定“更可证明沿边摆夷是马来人种也”。此种建屋于木桩之上的“干阑”，始见于《北史·蛮獠传》。《旧唐书》作“干栏”，粤语作“高栏”，此方汉人则呼为“高脚楼”。西南土族，外而暹罗、老挝、高棉、缅甸、马来、印度尼西亚，均普遍采用，唯形式上则各有不同，观其构筑形式，即可断定其主持建造之人之族别，暹罗或老挝之“干阑”，不同于缅甸或马来之“干阑”，更不同于我国西南土族之“干阑”。而我国西南土族之“干阑”，又各因其民族之不同而异其构筑之形式。即如十二版纳傣人之“干阑”，便与同一地区之阿卡族或蒲蛮族人之“干阑”有很大之差别。且不唯外形有很大之差别，即室内之间隔布置及装饰，亦因各族生活方式及信仰之不同而大异其趣，不可不知也。岂可因钟佐衡氏“所居房屋，极其简单。因其地潮湿及毒蛇猛兽猖獗，故其建屋于木桩之上，使地板离地数尺，借以避免”，这三言两语之叙述，便认为与傣人之干阑相似，进而大胆的肯定，沿边摆夷是马来人种也。如果因为房屋建筑的类似，便能够推断种族之相同，那么平、京、沪、粤[①]等地建筑欧式房屋居住的中国人，照竹村先生的逻辑方法，岂不也同样可以证明平、京、沪、粤构筑欧式房屋而居住的中国人是欧洲人种吗？不也滑天下之大稽乎！西婆罗洲方面，愧尚无缘一为旅游，无法悬揣其马来人之“干阑”究竟如何？至于马来亚之马来人的干阑，则与十二版纳摆夷及阿卡以及蒲蛮等族之干阑皆不类，其构筑风格之差异，是相当大的。摆夷人的房屋的建筑模式，不似仿自南洋群岛之马来人的。至于摆夷人种与马来人种之不同，我在错误寄到文林先生手中而被文林先生扣留的那篇《云南边地江外各县调查》书后一文中，已有简要之说明，不料文林先生不以为然，复在此强调“沿边摆夷是马来人种”，这是十分令人惋惜的！研究摆夷及马来种属问题之中外书籍甚多，文林先生勿妨虚心搜求一下，当有不少足资参证者。并不如文林先生所说“不唯无书可考，而一般人士，亦尚未注意及之”也。

第五点　摆夷语文与缅甸语文

因为看了文林先生《云南边地江外各县调查》和《普思边情及治边意见》两文中有“普思沿边古称十三版纳，景洞系一版纳”，“摆夷系马来人种”，“摆夷使用缅甸语文字”等之说，与事实不符，遂写了一篇

①此处之“平”谓北平，“京”为南京。——编注

正误，冒冒失失的投寄《民国日报》，那时我还不知道《民国日报》的编辑，就是文林先生，那篇正误阴错阳差的弄到他的手里，不唯不能登载出来（寄沪的一篇载《朔望》半月刊），反引得文林先生借《到普思沿边去》一文，颠倒是非，捏造黑白，连篇累牍的给我加上了很多罪状。此方的摆夷语文是不是缅甸语文，我在那篇正误里面，已有扼要的说明及举证。不料文林先生自以为是之成见太深，始终认为吾人在边在缅十年来对于摆夷语文与缅甸语文之认知，不如其匆匆旅行沿边四十余日所认知者为正确，依旧一口咬定摆夷语文就是缅甸语文。又在《到普思沿边去》这篇大著里面，一则曰："有人谓：沿边文字与缅甸文不同，另系摆夷文，实则非也。"再则曰："沿边文字与缅甸文字固无区别也。"据所持之理由为："沿边民族信仰印度佛教，其经典多来自缅甸，若文字与缅甸不同，必须另译一道。现在在车里之美国人，其学缅文，即在缅甸。缅文既通，至沿边即用其文字编印世界地理，授以所办之教会学生。其学校之教员，亦一缅甸人。以此证明沿边文字与缅甸文字，固无区别也"云云。最末，文林先生还把他自己在沿边四十七日，已能听其十二三中之"勐些龙""比比依依""京劳""京豪""磨""戛"等六个短语词举例出来，以证实摆夷语即缅甸语！

关于摆夷文单字，我以前在车里时，曾收集有两千多个。说到词汇，远较单字之数为多，即以我收集过的单字数量来说，二千个单字的十分之二三，至少也要有四百或六百字。即以六百字来计算罢，可惜文林先生只举出了百分之一，尚有百分之九十九之字数未见举例出来，使吾人无从判断其中是否有缅甸语在里面及所占的百分比程度如何？至于上面所举的那六个单语词，就是利用怎么精密的分析方法，也分析不出一丝一毫的缅甸语成分存在里面。我现在把这六个单语词的缅甸文和摆夷文作一对照表附录于后，希望文林先生可以作一比对：

汉字	缅甸字	汉字注摆夷字音	缅甸字	罗马注缅甸音
云南省城	[illegible]	勐些笼	မိဿိလ	MITHILA
姐姐妹妹	[illegible]	比比浓浓	ညီအစ်မ	NYEE AH MA
吃饭	[illegible]	京豪	ထမင်းစား	HTAMINSAH
吃酒	[illegible]	京劳	အရက်သောက်	AH YEI THAUK
不是	[illegible]	磨	မဟုတ်ဘူး	MAH BOKEBU
去	[illegible]	戛	သွား	THWA

注一：按比比浓浓，通常只作兄兄弟弟解（中性的，故亦可作姐姐妹妹解，引申作亲戚之义）。

注二：按「磨」只可作「不」字解，「不是」应作「磨哉」。此全照文林先生所举之汉字而言。

摆夷经典究竟是否直接译自梵文，或是间接译自缅甸文，我们现在暂且不论。清乾隆五十五年（1790）间，周裕写的一本《从征缅甸日记》里，有这样一小段：“军中每将缅文翻成摆夷字，又以摆夷字翻汉文。”古人对于缅甸文与摆夷字已分辨得很清楚，不知文林先生尚有何铁的证据，竟敢武断其经典来自缅甸，而且未经过一道之另译者。至当时在车里之美国人有三：牧师毕比义、医师高礼悌（Curtis M.Galt）及工程师古登柏，和我都处得很熟，他们三人均来自暹罗。由美到暹罗后，大都在暹罗北部景迈作短期逗留，学习暹罗语或傣允语。到车里之后，再研习傣泐语文。他们三人都不懂缅甸语文，亦无其学习缅文即在缅甸之事实。其编印之《世界地理》，完全是傣泐文即水摆夷文写成的。他们的教员，只有一个暹罗景迈老人（歹允）即所谓“缅文教员者”陶结竜（意为大头家）先生。车里耶稣教会隶属于景迈基督教长老会，为暹罗基督教会的一个分支机构。与缅境基督教会无干，从未闻有任何缅甸人在车里教会做教员也。

我现在正拟着手编一本缅甸文傣泐文汉文三种对照的字汇，那时请文林先生再仔细看看摆夷文是不是缅甸文。若还再不以为然的话，请找个机会到缅甸去住一段时期，学习缅甸文，听听缅甸人说：“吃饭”，是不是“京豪”；“饮酒”，是不是“京劳”；“姐姐妹妹”，是不是“比比浓浓”；“云南省城”，是不是“勐些笼”；“不是”，是不是“磨”；“去”，是不是“戛”。那时，“自欺欺人”的这一顶“虚伪冠冕”，恐怕你要自己戴了。

第六点 “保存沿边之蛮夷状态”

这一点，虽然牵涉不到我个人身上，原可勿庸词费。但文林先生观察肤浅，认识不清，厚诬古人，似是而非，淆乱观听，是又不得不根据实际情形，详加指明，以明文林先生放言阔论，不顾事实之不可为训，并以正视听也。文林先生曰："沿边十余年来，各政均无由进步者，亦未始不由于柯氏误之也。但柯氏无改造沿边之才智，亦无破坏沿边之野心，欲保存沿边之蛮夷状态，以遂其无形割据，长期占有，以遂其子子孙孙皆可以王沿边之私心而已耳。”细绎文林先生此一小段文字，意在坐实沿边十余年来，各政均无由进步者，由柯总局长所误，而柯总局长之所以使沿边各政均无由进步者，为欲保存沿边之蛮夷状态，以遂其无形割据，长期占有，以遂其子子孙孙皆可以王沿边之私心而已。须知，普思沿边行政总局长一职，不过一县令流官等耳。光复以来，政府并无县令流官可以世袭之规定。省或道尹公署一纸免职命令，即得听候瓜代。观其后一闻萧道尹将派员接替，便准备移交，可资证明。下级为政三年无成，上级应予免职（抗不交代，必须有足够抵御省军之武力，袁世凯的洪宪帝国，且为滇护国军所摧毁，是问柯总局长有此足够之武力乎），另简派贤能。严格说来，其责在上不在下。但何以省公署竟予“各政均无由进步者”，连续任职达十三年余之久，以至卒于任，成为变相之终身职？是必有其值得给予久任之治绩存在。柯总局长任内，云南省政，除极短时间而外，均由唐继尧省长主持。唐公为一时人杰，才识智慧，应不在文林先生之下，且逐年均派有人员到边，明察暗访柯总局长对边地之施政实况及其他事项，绝不致糊涂昏庸，一无所觉，让一个以保存沿边之蛮夷状态为事，而私心图谋割据占有，以遂其子子孙孙皆可以王沿边之小小边官，延误边政至十三四年之久，更不致迭予嘉奖。由此一点来推求，则所谓“沿边十余年来，各政均无由进步者，亦未始不由于柯氏误之也”之论断，是大有疑问的。文林先生于此未说明各政是包括那几种政务，但在另一文《思普边情及治边意见》中，曾指出“其余若学堂、实业、邮电、开垦各事，至今无一成绩之可言”。则此所谓“各政均无由进步者”之各政，大概即是指学堂、实业、邮电、开垦各项。再则吾人不明白文林先生评衡“沿边十余年来，各政均无由进步者”，所持之尺度？以与思普沿边同历史、地理、人事环境之其他落后地区之各政成就作尺度，来衡量沿边之进步与不进步乎？抑以先进富足州县或都会之各政成就作尺度，来衡量沿边之进步与不进步乎？文林先生来自昆明，昆明为云南首善之区，乃西南一大都会，而文林先生之家乡嵩明，为滇中先进大县。文林先生曾未一道及思普沿边正式设治之历史短浅，地理环境之特殊，经济之枯竭，文化之落后，人才之缺乏，交通之梗阻等种种困难情形，是则文林先生所用来衡量评论沿边各政均无进步之尺度，显非前者而为后者。

须知，政治上之成就，是多方面的，也是十分复杂而难言的。有本有末，要看吾人从哪一个角度来观察及衡量，还得看看当时的社会环境、政治经济及人事的情形如何？然后才能够作一公平的结论。设治以前，十二版纳还是一个非常闭塞而落后的封建体制下的原始粗放小农社会（兼有农村副业之小手工业）。全十二版纳，找不出半马力的动力机械。不唯没有触及 20 世纪的文明，也尚未梦及 19 世纪的文明。设治初期，以战乱初平，人户逃亡，民生凋敝，董其事者，不得不予边民以休养生息，以安定边疆，因之所取于民者至微，每户仅岁征行政经费八角（不及两只小鸡或一只大鸡之售价，小鸡一只时价五角，大鸡一元），以作总分八局行政、司法、教育、警卫等项政费之开支，又岁征折工银四角，以作总分八局衙署、道路、桥梁等类建设之专款。当时八个行政区之人户总数，仅三万余，除每十户蠲免头目赤贫二户外，实收约二万五千户，全年总收入不过三万元。平均下来，每一行政局之全年行政经费及建设各费，平均只合三千七百五十元，不足以当通都大邑，一个中等职员之年薪所得。以如此微末之岁有行政及建设经费，而责以向岁收数十万元以至数百万元，甚至数千万元之内地先进富足州县或都会看齐，苛求有进步可观的政经教建成果，是何异操一豚蹄，酒一盂之穰田者，而祝望“瓯窭满篝，汙邪满车，五谷蕃熟，穰穰满家”乎？亦事实上万万不可能达成者也。在柯总局长治理期间（民国二年一月起至十一年五月止，凡十三年又五阅月），一切政经教建以至警卫，均就上述规定之微末岁收，量入为出，缓缓推进，主要使边民逐渐体认20世纪中华民国政治之大要，维民为主，安民惠民，一反土司治理时期之奴民及苛扰，提高民权，削减土司封建潜力，消融土司头目之反侧，安定边疆。最难能可贵的，是汉土融洽，无虑边患，民生安定，道不拾遗，夜不闭户。在那段时期，常往来十二版纳各地者，皆可体认得到，所以当时诗人遂有“满地萑苻芟不尽，天南犹有小桃园”之咏，此亦文林先生之所承认者也。在政费极度支绌之下，能达到这治本的成就，其治绩是值得特别注意的，也是值得赞许的。岂可以岁收数十万元以至数百万元，甚至数千万元之内地先进富足州县或都会，历经若干个世纪，费尽若干聪明才智之士之移山心力，才累积起来之各项辉煌建设成就来作为衡量之尺度，来抨击草莱初辟，设治仅十余年，且备受种种束缚与限制，而岁入政建各费不过三千数百元之各沿边行政局为“各政均无由进步者，亦未始不由于柯氏误之也”。这不是一个能虚心体察、明白事理、公诚正直者应有之论调也。

要知道，在那一段时期，普洱道尹公署，对行政总局之监督与掣制是很剧烈的，各区行政委员（后改殖边委员）虽得由总局长（后改殖边总办）保举，但最后决定之权则在道署。而物质建设，非钱莫办。同时还有甚多连带的困难问题。一则柯总局长雅不愿自反其与民休息之本旨，增加边民之负担；再则，即使万不获已，非增赋不可，也会遭到普洱道尹公署无情之驳斥：如民国七、八两年，奉道尹公署之命剿办澜沧倮黑之役；民国十一年，又奉道署命远征缅宁蔡春暄之役，所有借垫军费，道署既不发给，又不准增加民负，所以只得挪用折工银，而将沿边各行政区之建设业务延搁下来，即是一例。不似改县后，县自为政，各县政府，只要对道尹公署或由道尹公署改组而成之“殖边督办公署”应付有方，尽可作量出为入之加征，并不如文林先生在另一文中所说之“相沿至今，未曾改变”也。甚而可以巧立名目，任意增加，以充私囊，对县政建设，毫不举办，上级一样的接受其报备而不过问其加征所得之实际用途。今改县已多年矣，边民每户每年所缴纳于县府之政费，平均十倍于往昔，而所谓“各政均无进步者”如故，“保存沿边之蛮夷状态”亦如故！此为文林先生督学到边所亲身考察而深知者也。

柯总局长任职沿边十余年以至卒于任所，尽瘁边务，奉命维谨，深获上峰之嘉许，曾获四等嘉禾章及其他奖状与奖章，从未受到纠弹与处分。民国十二年，一闻普洱道尹萧瑞麟，即将派遣萧学智到边瓜代之消息，虽尚未奉有免职明令，亦预办移交。柯总局长深知官署如传舍，绝无恋栈之可能，更无养兵自重，把持边政不交之情事。此为沿边各界之所周知者。

徐道尹为光于民国十五年（1926）四月，就任普洱道尹，未一年，不复接受省公署之命令，省公署先后委任李朝纪、徐维翰为车里殖边总办，徐均拒使不克到任，并迫使知难而退，然后委派其私人孙天霖于民国十六年（1927）三月驰赴车里接事，布置私人势力，把持地盘。八月，并未呈经省公署之核准，擅改沿边八殖边署为七县又一行政区，私行刊发木质县印，委官置吏，不受省政府（时省公署已改组为委员制之省政府）之约束。旋即不度德，不量力，称兵独立，实行割据，肇乱边疆。使素以世外桃源著称之十二版纳，兵连祸结，生灵涂炭，扰攘多年，陷边民于水深火热之中。边民游离，民居残破，疮痍满目，直至文林先生督学沿边，犹未能恢复。柯总局长服务沿边十三四年，公而忘私，任何人也无法指证得出有所谓割据占有，以遂其子子孙孙皆可以王沿边之私心的丝毫迹象，因其并无私人武力，根本不可能割据及占有，更何能遂其子子孙孙皆可以王沿边乎？事实昭昭，不言而喻，偏偏文林先生要无中生有，捏造这许多罪状，厚诬古人。徐为光到任不久，即搜括辖区民脂民膏，招兵买马，自封边防军总司令，宣布独立，实行割据，为祸边疆，战乱多年，生民涂炭。同时，并以一部分民脂民膏，遣派杨暾（字晴初，化名田尹耕），辇运暹罗，购买新式武器，以为扩大叛乱之凭借。杨君到达暹罗，徐君即失利，归路截断，杨君乃将此项购买武器之巨款，投资木厂。随徐为光输诚省府，获任民政厅长，卸任后，借往印度礼佛为名，化名微服到暹，连本带利，括入私囊以去。据杨君见告，为数约暹银五六百万铢云。文林先生应已尽知，反只字不提。得无因徐道尹乃本省人，滇人于滇境称兵独立，实行割据，只算内窝子事，不能以割据占有论。柯总局长乃外省人，虽无一兵一卒，亦未实行割据占有。但因在任太久，已形同割据，当然要视为割据占有乎？宁非咄咄怪事？或者文林先生认为柯总局长主持设治之初，即应径设为若干县，统隶普洱道直辖，今乃分设为八行政区而统之以行政总局，由总局与道署打交道，使道署命令不克直接下达各分局，是即形同割据乎？须知，事有未可一蹴而跻者，遮顶乱平之后，议改流原案：拟设一直隶州及三县。《普思沿边志略》曰："设官分治各勐，应修域垣衙署各项开支，非有大宗巨款不行。况民国初立，滇省财政困难，达于极点。"观此，是原案当有由省库发款比照内地直隶州及县，修筑城垣衙署各项之规定。以适值光复，省库支绌，不能拨发，另有就地筹款之指示，所以乃言事更不易。而战乱之后，民生凋敝，民心未定，不可能对边民作较大之经费负担，乃不得不斟酌边情，将十二版纳划分为八行政区，设官治理，暂不改土，作将来改县之一个起步。所以于民国十二年（1923），普洱道尹萧瑞麟，提议改县，省公署下其议于普思沿边行政总局时，即由总局呈覆省公署及道尹公署：以倚邦、易武汉人增加，商务、教育等皆已办有成效，请道署派员先行将倚邦、易武即第六区行政分局改设县治，如试办有效，嗣后再将其他各行政区逐步改县，俾与内地齐观。那时我正供职于行政总局，故知之详确。目下，省公署普洱第二区殖边督办公署及车里县府，均有档案可稽，文林先生尽可设法调卷覆按，当得其详。此案后经省公署令由道署审议，审议结果，认为倚邦、易武，虽然汉人增加，商务、教育等，较其他各区办有成效。但改设县治，则必须依照县组织法扩大编组，组织扩大则开支自增。照原有之微末岁收，不敷极巨，欲单独准许倚邦、易武增收民户户捐，又与道署历来之指示抵触，且恐人民不堪负荷而反对，道署又无款以助，改县案虽倡自萧道尹，但道署多数资深佐治人员认为仍应审慎，不宜操切，遂无形搁置。就原由道署提议又被道署搁置的柯总局长呈请逐步改县，俾与内地齐观之议看来，与文林先生所谓“欲保存沿边之蛮夷状态”之既昧于事实，又认识肤浅也。又当萧瑞麟任普洱道尹时，拟派其部属萧学智到边接长普思沿边行政总局事务，已报省公署矣，后又惧驻防勐遮之陆军普防第三连为柯总局长所用，或有抗不交代情事，遂借点验为名，将第三连全部调至思茅，尽收缴其武器装备而解散之。其后萧学智虽因省公署之不予批准，未能到任。但整个沿边，已无一兵一卒。文林先生所谓“欲保存沿边之蛮夷状态，以遂其无形割据，长期占有，以遂其子子孙孙皆可以王沿边之私心而已耳”者，无乃无的放矢，狂人梦呓乎?

至于说到“各政均无由进步者”之各政，根据文林先生在《思普边情及治边意见》一文中所指为：“学堂、实业、邮电、开垦各事”，兹亦不得不顺为一谈。须知，十二版纳在设治以前，还是一个非常闭塞而落后的封建体制下的原始小农经济社会，前已言及，交通梗阻，瘴疠猖獗。设治后，忽然将之投入20世纪之共和体制之下，适应已感困难，要地方上的人民来配合推进新的地方建设事业，谈何容易。董其事之人，不可能具有三头六臂，更不可能集百工技艺于一身。百凡待举，处处须人。其所带部属，冲锋陷阵，固所擅长，政治佐理，未见皆能优为。十二版纳为著名瘴区，内地人士，一向视为畏途，多数不愿就聘，而愿就聘者，又不尽为能胜任之人。仅仅人才不易延揽一端，也就足以大大迟滞了沿边应行兴办之各政。况复经费支绌，物资缺乏，在那一个时期，凡稍能体会其环境之困难者，无不知其计划之无法按照预定程序来完成也。

一、譬如学堂：必须要有老师和学生，方能有学堂之存在。云南内地师资，原已不足。烟瘴著名之十二版纳，设治初期，纵优薪待遇，亦无人应聘。初调用平乱军佐，言语隔阂，不谙教育，况且边荒初辟，物资缺乏，学校简陋，又缺乏课本，学生毫无兴趣，认被强迫读书为极大苦差事，纷纷逃学。学生家长方面，则认读汉书一无是处，反而耽误其子弟放牛割草之正当工作，且惧大来会被征服兵役，为政府对边民之最大苛政。有钱人家，则出钱雇人顶替代读，无钱人户，无力雇人顶替，则教导其子弟设法逃学到山，照料牛马，暗暗抵制。纵舌敝唇焦，费尽说辞，对这一类为内地人士闻所未闻，无法梦想得到之怪现象，直至改县以后，仍未完全改变过来。柯总局长为此特设劝学所，敦聘郑惠民氏主持其事。其后沿边教务，已普遍推展。郑为第六区之倚邦人，倚邦、易武汉人多，教育推进较易，因之倚、易一带之教育成绩最为良好，六顺次之，其他各区又次之，每区最少也有一二校。汉人聚居之区，校数更多。徐为光任普洱道尹不久，即称兵独立。导发边乱，扰攘多年，教育费被移充军费，旧有学堂，大都被迫停办。乱平数年，沿边教务，又才逐渐恢复，但不肖官吏，仍不乏将整个县教育专款，干没罄尽，不办一校者。文林先生大为称许之佛海小学，即乱平后所恢复之部分，其实尚不逮改县以前。仅凭短期观察，不深入探讨，不得其实情也。

二、说到实业：则以稻为主之农业，不消说，还停滞于极度落后的耕作方式。好在土地肥沃，不粪不耘，自然丰收。山居民族之刀耕火种，落后尤甚，收成不丰，间有缺粮之虞。介绍内地较进步之耕作方法，尚不易接受。此外有茶、棉、樟、蔗、橘、凤梨及玉蜀黍等，均有相当之基础，其他果品，仅各住户于园边园脑，屋前屋后，做点缀性之种植，不成为一种事业。其情形与内地多数州县无异。农业加工品之茶，成就最大，倚邦、易武及佛海之繁荣，完全得力于茶业之兴盛。前途尚大可发展。织染工作，于柯总局长率各土司晋省观光归来之时，购运昆明土制织机多部，并聘回织染技师到车里设厂试办，由何大安主持，经营数年，已有基础，后毁于徐氏独立之乱，而何君亦以身殉。至家庭副业之织染，甚为普遍，足以自给。矿业方面，有磨歇一带之井盐，开采多年，已有成效，年产二百万斤以上，多数运销老挝。铁矿方面，柯总局长于十二年召集商股组织普利公司，在勐满开采，得粗制铁数十万斤，铸造锅及犁，柯总局长故后，停办甚久。二十一二年，由卸任勐遮第二区行政委员王承义等集资继续经营。此有关沿边实业之大概情形也。

三、沿边邮递机构之设置：始于民国九年（1920）一月一日，分别在车里及倚邦成立邮寄代办所。民国十年（1921）5月11日，倚邦邮路，延伸至易武，并亦有易武邮寄代办所之设立。勐海茶业兴起之后。与昆明、普洱、思茅以及缅甸、印度之信件往还，远较车里、倚邦及易武三代办所收发之件数为多，但迭经笔者去函思茅邮局，请求将车里邮路延伸至勐海，以便利商民之信件寄递，均未获同意。民国十四年（1925）夏，笔者洽得地方人士之协助，乃设立一民信局，将地方人士寄发国内外函件，按期专差送达车里邮寄代办所投寄，每月并酌给车里邮寄代办以办公津贴。即便取回国内外寄由车里转寄勐海以及勐遮之邮件分送。办理多年，颇著成效。复屡经请求，并愿负担全部开支，才获思茅邮局之许可，于民国十九年（1930）一月一日，准在佛海（时已改县）设一邮政信柜，将民信局业务，移交信柜专责接办。民国二十一年（1932）十月一日，改升为佛海邮寄代办所。其他沿边各地，则尚未设邮。其主要原因由于极大多数之边民，生活简单，日出而作，日入而息，凿井而饮，耕田而食，人与人间，甚鲜信函之往还；汉人不多，邮件稀少。同时交通不便，邮夫难雇，办理亦不易也。由思茅至车里沿边行政总局治所，为程六日，计三百二十里，沿途山深林密，野无人烟，虎豹熊象，出没无常，河流纵横，并少桥梁，邮夫长年徒步跋涉，备极辛苦而危险，干季每月约可往返三次，雨季每月仅能往返一次。车里邮寄代办所之邮件，每月最多不逾五十件，且偏于行政总局之公文，私人函件极少，不及什一。有时思茅邮夫到来，打开邮包，竟空无一邮件者。售卖邮票收入甚微，不足以应付邮夫之工资开支。倚邦、易武方面邮路之交通情形，亦相差不大。所以思茅邮局，不愿对沿边邮递机构有所增设也。

关于电报局之筹立：自普思沿边行政总局成立以来，即曾多次强调边防重要，请求上峰在车里设一电报局，与思茅连接，庶边疆有事，立可将消息传达省城，俾省公署得据以快速决策。但未如所请。民国十三年（1924），柯总局长率领沿边各土司晋省谒见唐省长时，曾亲与云贵电政管理局监督吴珣面洽多次，请由思茅接线至车里。经吴监督派员计算，电线及驮运费以及员工开支，最少需滇银二万元，全应由总局自筹，省库不能补助。终以地方无力负担此巨额经费而搁置。沿边各行政区之邮政机构之尚未能普遍设立，电报线路之未克架设，盖非普思沿边行政总局之权力以及财力之所能及，不能推咎于一人也。

四、开垦事业：民国初年，曾一度由退役官兵，在勐遮试办，由公酌予资助，初时因逃散民居未归，地多荒芜，谷价较昂，尚略有可为。逮政治安定，民户渐复，荒地渐辟，谷产大增，谷贱伤农，遂无形荒废。其后虽不断有从事开垦者，如麻栗坪农场，洪记蚕奋农场等，终以劳力缺乏，交通不便，运输困难，剩余粮食，不能远销至缺粮地区，成效不著。对于沿边开垦事业，必须俟移民增多，劳力充足（或代以机械），交通利便，农产品可以大量外销之后，才会有大的开展也。

上述学堂、实业、邮电开垦各项之成就，虽属微末，但亦颇有足资赞许之基本治绩存在。岂可一笔抹杀，谓“至今无一成绩之可言者”乎？

第七点　一些数字之纠正

文林先生大文之第三章《山川气候》中有曰：“总观沿边山脉，均为横断山脉之余干旁支，山峰高度平均约在万尺；谷底深度约六七千尺。”按文林先生在沿边所行经之路线：系由思茅经老军田（海拔 3400 英尺）、普藤（海拔 3200 英尺）、大歇厂坡头（海拔 4800

英尺）、景东砦（海拔 4500 英尺）、塌士坎（海拔 4400 英尺）、关坪（海拔 3200 英尺）、小勐养（海拔 2700 英尺）、大木缸坡头（海拔 4200 英尺）、车里坝子（海拔 1800 英尺）、勐崧（海拔 4200 英尺）、佛海县城（海拔 4000 英尺）、五福勐遮坝子（海拔 4050 英尺）、新火山（海拔 6000 英尺 *）、勐满（海拔 3200 英尺 *）而至澜沧。所经各地之实际海拔，已根据本人多年测定之平均数字及英图所注之数字（英图数字加 * 符号为别）分别夹注于各地地名之下。平均海拔约为 3820 多英尺。至沿边最高山峰为大卢山，高出海面约 7500 英尺，小卢山 7000 英尺，葩峨峰 6877 英尺，也不到万尺，更说不上平均约在万尺也。但不知文林先生所说之高度，是以海面起算呢？或是以某一海底做基点来起算？这就要请文林先生加以说明了。

又第 209 页载其呈报省教育厅关于佛海县教育之呈文数则中有曰："该县居民百分之九十以上，俱为摆夷。"这一百分比数字，也与摆夷实际所占之百分比数字不符。关于沿边各地海拔高度数字之经测得者和各县民族数字及百分比，本人均作成图表，早送有一份给佛海县政府悬县府办公厅以供参考。今文林先生曰"山峰高度平均约在万尺，谷底深度约六七千尺"，又"佛海百分之九十以上俱为摆夷"等等，不知何所根据？若乃随便信口说说，并无根据，那么，除了我前已奉还了那一顶"自欺欺人"的冠冕而外，我得再将"欺骗朝廷"这顶冠冕奉还先生也。

兹附一表于后，以明真实：

佛海各民族之丁口及百分比数字表

民族	丁口	百分比	民族	丁口	百分比
摆夷	14167	60.2	倮黑	775	3.3
阿卡	3643	15.4	罗罗	79	0.3
蒲蛮	2980	12.7	佧瓦	48	0.2
汉人	1824	7.8	阿克	20	0.1
统计	23536	100			

总观李文林先生《到普思沿边去》一文，其中得意忘形，放言阔论，离去事实之处虽甚多，然亦不少独到之见，如慎选边官，防止土司压迫及殖边督办公署应移车里县等。且短期间即有此巨量收获，尤佩用力之勤。亦正唯期短而制巨，所以错误之处，遂不免层见而迭出。上举七点，尚不过就其关涉较大者而言。其他如："代表科学文明者为美国教会；景洞系一版纳；旱摆夷向例不任叭目村长头人（文林先生逗留佛海半月余，每天往来县府市场所必经之蛮戛寨子，十余年来即由旱摆夷罕朝凤及罕朝猛先后担任叭目村长，迄今未更）；早晨全有雾气，侵入人身，亦致病之媒介"等等，这些论据，是否可靠，读者自能明辨，不烦词费。最末，我们所办的图书馆，先后购置图书近万册，

任何人皆可自由入览。取得借书证者，并得将图书借出馆外供参考，也得向文林先生声明，虽性属私立，但文化事业是无门限的，并无“孟禄主义”[1]在里面，可以放得心也。

二十三年于加尔各答

①孟禄主义：现今普遍写作“门罗主义”。1823年美国总统门罗以致国会咨文形式宣布，任何欧洲国家都不得干涉美洲国家事务。百多年来，对其解释也是多样的。此处应该是指“文化事业是无门限的”这一理念而言。——编注

滇边傣族地区的教育问题

大家都知道，居住在云南边境的傣人很多，他们有他们自己的文字。他们的拼音文字，源自梵文，组构完美，能够写出人们的全部知识。同时大家也都知道，边地土族，对于政府主办的国民教育，有一种牢不可破的成见，似乎认为政府办理边教，是一种苛政，因此发生了雇人顶替读书的怪现象。报章杂志，已报道不少。就单拿十二版纳地区来说，设治迄今已 20 多年（改县已将 10 年），这种现象，依然存在。其实边疆的小孩子，一如内地的小孩子一般，大都喜欢团体生活，并不畏惧读书。只要他们的家长，不要时时拿“读了汉书，就要被汉官抓去当兵”，“练雷”（小丘八）等等话语来恐吓讥骂他们，小孩子却满无所谓，仅初期因汉土言语不通，不免有所隔阂而已。至于这一班家长之所以有此成见，有所阻挠，最大原因，实由于不甚了解国家的情形，时代的需要，当然也还有政治问题。所以要推进边地的教育，吾人认为首先应使成年边胞，对于国家情形，时代需要，有所了解。要使他们自己感觉切要，然后阻力才可消除，并且可以化阻力而为助力。说到这里，似又非积极从事于学校教育不可！当然学校教育不可少，而边地的社会教育，尤为重要。要社会认识了学校教育的必要性，学校学育，才容易进展，才能够推行尽利。要如何才能够使边地社会认识学校教育之必要，化阻力而为助力呢?第一步仍得要抓住边胞中的成年男女。边胞中对于国家情形，时代需要，比较认识一点的，他们不唯不怕他们的子弟在当地学校读汉书，不致成为“练雷”，也不会被政府抓去当兵，并且还把他们的子弟，送到遥远的重庆、昆明，或更遥远的地方去求深造。

以十二版纳的边胞来说，傣族人口占了百分之六十以上，约十万余丁口。傣族地方，每村总得有一个教育机构——佛寺。平均每五个人中，约有一个人受过他们的佛寺教育。假如要将这百分之二十已受过佛寺教育的二万多傣人，经由学校教育，使他们认识汉字之后，再由汉字使他们来接受汉文化，明了国情，认识时代需要，共负抗战建国任务，那不知将是怎样繁重而不易完成的一件巨大工作！假如我们能够将我们所须要介绍给他们的知识，都写成傣文，编印成书，散发给他们阅读，那么，其已认识傣文的这二万多人，就不难很快地得到我们所要介绍给他们的各种知识，再由他们来共同推动学校教育，教育他们下一代的子孙，则其难易的情形，当不难推测。清末，因严又陵的移译工作，而使一般顽固遗老，也都憬然于物竞天择之说，思所奋起，这都是很好的例证。所以我们的教育机关，应该负起这个责任，勿妨划拨一部分经费，组织机构，网罗或培植这一类的人才（不必多），从事傣族文字的编译工作，将应该介绍给边胞的各科知识，分其先后和缓急，编印成书，散发介绍，其收效之宏大迅速，是可以预卜的。

云南边境的傣文，通行范围最广的约有二支：一为北支傣妄（Dae Nhe）文；一为南支傣泐（Dae Le）文，都容易学。不似汉文的艰深，动辄非十年八年的工夫不可。认识汉字，就如一个将领，要认识其部属每一个士兵的姓名及面貌个性等的困难一般，既须记其面貌或方或圆，姓张姓李，又须识其能力如何？个性如何？然后方能呼唤得出，差遣得当，指挥裕如。学习傣文，就没有这样的困难。字随声衍，成年人有五六个月的实习，再加以一二年的钻研，即可译作了。

要教育两万个已识傣文的边胞学习汉文，使达初中卒业程度，大约须有师资八百人并九年的时光；组织一个研究编译机构，最多以三十人从事，分为两组，期以三年，只须八十分之一的人力物力，即不难达上述目的，这一个轻便工作，是勿妨尽先试试的。

南诏非泰族所建

此次到暹罗，恰好大泰主义，高唱入云，盛传暹罗政府，即将改国号为“泰”，虽尚未见正式公告，而曼谷市招，已可见到“Thailand”字样，势在必改，当无疑问[①]。据传改国号为“泰”的目的有二:（一）使东亚泰族，都可投到暹罗的怀抱；（二）收复过去泰族曾经统治过的地区，而建立一大泰帝国。一个国家里面，是否仅可容纳一个单纯的民族（现在的暹罗国内，也就有不少的非泰族分布在东西南北若干地区）？同一个民族，是否即不应该生存在不同种族的若干国家?这一点，我想暹罗政府，应该认识清楚。至过去泰族曾经统治过的地区，所指何在？而建立大泰帝国，谈何容易！据若干暹罗文书刊说:“泰族系发源于科布多，经张掖至陇西，至此分两支：一东向发展至长安；一南向发展至成都。至此复分为两支：一支走涪洲、贵州、郁林、苍梧、零陵、长沙，并由苍梧、郁林发展至海南岛；一支南下而建立南诏帝国，都于大理。自后得长足的发展，东至昆明、马龙；西至缅甸的瓦城、普罗姆，印度的吉大港、高哈提；南至今之暹罗、越

①暹罗国务院已于民国二十八年（1939）之五月二十一日之国务会议决议，改暹罗国为泰国，并于是年之六月二十四日，正式公布。

南的一部分，更南至马来半岛之宋卡”（见泰族分布图）。换句话说：就是暹罗改国号为“泰”之后，将要收复北至科布多，西至东印度，东至长沙、琼州这一大片大地。而其最得意之作，则谓泰族曾在中国西南建立过南诏大帝国。《暹罗古代史考》（暹文本）曰：“细农（舍龙）王朝，共传五代君主，至佛历一二七三年（西元 730 年），坤玛隆王（皮暹阁）者，为一英勇善战之君主，使南诏疆城，大为广阔。王尝远征中国及西藏，胜利多次，使中国不得不与之和议，而妻以公主焉。至佛历一二七四年（唐开元十九年西元 731 年）”，王更扩展南诏疆域至十二版纳、十二诏泰、东京。又建立天国（HO）。由王子坤猜蓬统辖此泰南三邦”云云。

南诏蒙氏自细奴罗于唐高宗永徽四年（653），遣使朝唐起，至今已 1285 年。自其第十三世主舜化贞于唐昭宗天复二年（902）卒，国被篡，至今已 1036 年。吾人今日要确切考定南诏蒙氏是不是属于暹罗的泰族，最好的办法，莫如找来南诏王室及当时泰族人的尸骨，如庄周所说，“使司命复生其形，为其骨肉肌肤”，以作生物性的观察及量度，看看他们的身材、头型、面型、鼻型、血群以及身体的一般状态，如颜面、耳、目、口、鼻的形状和轮廓，毛发的特性、皮肤、眼睛的色泽等等，是不是相同？可惜现代的科学，无能达到生死肉骨的要求。最好的办法既不可能，那只有退而求其次，由历史上的记载及现存滇境以及可能与南诏王族有关的近似族类的文化特质，来比较推敲，加以研究了。

我国最古一部对于云南六诏始末，种族名类，风俗制度，山川城镇，交通途程，土宜物产及其毗邻诸国概略情形，作有系统的记录的书，应推唐安南从事樊绰于咸通四年春正月，在安南郡州江口，附襄州节度押衙张守忠进献之《蛮志》一十卷。此书异名有《蛮书》《云南志》《云南记》《云南史记》《南蛮记》及《南夷志》之不同。四库馆臣依《新唐书·艺文志》，题曰《蛮书》。这一部书，可以说是云南古代民族和地理的一部重要典籍。我们由这一部书里面，可以考知唐代六诏和其他民族的概略，尤其南诏的风土人情，制度条教及语言片断。再参照其他有关书籍的记录，来和现在的泰族及可能与南诏有关的近似种类，作一比对的研究，则南诏是不是由泰族所建，便可得到一个概略的结论了。

《蛮书》六诏第三："蒙舍，一诏也。居蒙舍川，在诸部落之南，故称南诏也。姓蒙。贞元年中，献书于剑南节度使韦皋，自言本永昌沙壶之源也。"《旧唐书》谓其"自言哀牢之后"。《新唐书》谓："本哀牢夷后。"探讨南诏族属者，大都先探讨哀牢的族类。《后汉书·哀牢夷传》曰："哀牢夷者，其先有妇人名沙壹，居于牢山，尝捕鱼水中，触沈木，若有感，因怀妊，十月，产子男十人，后沈木化为龙，出水上，沙壹忽闻龙语曰：'若为我生子，今悉何在？'九子见龙惊走，独小子不能去，背龙而坐，龙因舐之。其母鸟语，谓背为九，谓坐为隆，因名子曰九隆。及后长大，诸兄以九隆能为父所舐而黠，遂共推以为主。后牢山下有一夫一妇，复生十女子，九隆兄弟皆娶以为妻，后渐相滋长，种人皆刻画其身，象龙文，衣著尾。九隆死，世世相继。”注引《哀牢传》曰：“九隆代代相传，名虽不可得而数，至于禁高，乃可记知。禁高死，子吸代；吸死，子建非代；建非死，子哀牢代；哀牢死，子桑藕代；桑藕死，子柳承代；柳承死，子柳貌代；柳貌死，子扈栗代。”后汉明帝永平十二年，哀牢王柳貌遣子率种人内属，其称邑王者七十七人。由柳貌至禁高共七代，由禁高再上推至九隆，应不少于三代，否则应可记知。即以三代计，已共有十代，每代平均以三十年计算，十代已三百年，当在周秦之际。元张道宗《记古滇说》云：“哀牢国，永昌郡也。其先有郡人蒙迦独妻摩梨羌，名沙壹，居于哀牢山。蒙迦独常捕鱼为业，后死哀牢山水中，不获其尸，妻沙壹往哭于此，忽见一木浮触而来，旁边漂沉，离水面少许，妇坐其上，平稳不动，明日视之，见木触沉如旧，寻常浣絮其上，若有感，因怀妊，十月孕生九子，后产一子，共男十人，同母一日行往池边，询问其父，母指曰：‘死此池中矣。’语未毕，见沉木化为龙，出水上。沙壹与子忽闻龙语曰：‘汝为我生子，今俱何在？’九子见龙惊走，独一小子不能去，母因留止。子背龙而坐，因舐之，就唤其名曰习农乐。母因见子背龙而坐，乃夷语谓背为九，谓坐为隆。因名其地曰九隆。习农乐后长成，有神异，每有天乐奏于其家，凤凰栖于其树，有五色花开，四时常有神卫护相随。诸兄见有此奇异，又能为父所舐而与名，遂共推以为王，主哀牢。”又曰：“唐有张仁果三十三代孙张乐进求，改建宁为云南。唐册乐进求为首领大将军云南王。乐进求因祭铁柱，见习农乐有金铸凤凰飞上左肩，乐进求等惊异之，遂逊位其哀牢山王孙，王以蒙号国，王曰奇嘉。社稷之创于斯，改称蒙社，乃唐高宗永徽四年……也。”元李京《云南志略》曰：“初蛮酋张氏名仁果，时当汉末，居蒙舍川，为在诸部之南，故曰南诏。诏，汉语国君也。传三十三主，至乐进求，乃为蒙氏所灭。蒙氏名细奴逻。”据《记古滇说》,《后汉书》之九隆，即继张乐进求为云南王的哀牢王习农乐。此习农乐亦即《蛮书》及《云南志略》的细奴逻。一在周秦之际，一在唐初，相隔千年。且禁高、吸、建非、哀牢、桑藕、柳承、柳貌、扈栗、类牢等名，与南诏以名相属之制不类。同时也和傣族的酋长土司以及平民，喜以金银珠玉、琉璃宝石、幸福吉祥、官称佛号等为名的习俗悬殊，不似泰族。其先世虽居哀牢，但亦非哀牢夷也。

南诏传世风俗中，最特殊的一点，是父子以名相属，子名的首一字，大致为父名的末一字，即父子连名制。南诏蒙氏立国第一世祖细奴逻，逻传子逻盛，盛传子盛逻皮，皮传子皮逻阁，阁传子阁罗凤，凤传子凤伽异，异传子异牟寻，寻传子寻阁劝，劝传子劝龙晟，晟传弟劝利，利传弟丰佑，丰佑传子世隆，隆传子隆舜，舜传子舜化贞而亡。凡十四主。除丰佑因慕中国之风，独不肯连父名而外，余均为父子连名。其他诸诏亦同。如邆赕诏立国主丰咩，咩传子咩罗皮，皮传子皮罗邆，邆传子邆罗颠，颠传子颠之讬。浪穹诏立国主丰时，时传子时罗铎，铎传子铎罗望，望传子望偏，偏传子偏罗矣，矣传子矣罗君。蒙巂诏立国主巂辅首，无子，传弟怯阳照，照传子照原，原传子原罗。施浪诏立国主施望欠，欠弟施望千，千子千傍，千傍子傍罗颠等是。南诏传世诸王名中之一字，常有罗字或逻字，疑罗字或逻字，乃诸诏共用之姓，亦即其族名。南诏地望蒙舍，以蒙为氏。蒙乃氏非姓也。此种见于乌蛮的父子连名制，亦见于白蛮所建的后理国，如第六世段智详，详传子祥兴，兴传子兴智是。白蛮命名，往往在姓与名的中间，夹入一个佛号，如李观音得之类。又缅甸蒲甘王骠苴低，低子低蒙苴，也是父子连名的。近今属于罗罗缅甸系的罗罗、么些、阿卡、攸罗、窝泥等部族，现仍保存此种父子连名制未变。至于泰掸系里面，则尚未发现有父子连名的事例。除国内傣族土司冠用汉姓而外，一般平民，只有名而无姓。近今暹罗及老挝，由政府通令人民各自选择两个以上的语词，报请政府核定其一，置于名后，以为姓氏，乃是受了西方文化以后的产物，原来也是没有姓的。在滇境未受汉文化影响的傣族，即所谓“原始泰”及在缅境的掸族，都只有名而无姓。由这一点来观察，南诏和泰族是有所不同的。在“原始泰”的原文文献里，他们称南诏为“和”族，自称为“傣”，亦即泰族，并不自认与南诏为同族。

语言也是探讨民族类别的一条线索。《蛮书·蛮夷风俗》第八：“言语音白蛮最正，蒙舍蛮次之，诸部落不如也。但名物或与汉不同，及四声讹重。大事多不与面言，必使人往来达其词意，以此取定，谓之行诺。大虫谓之波罗密（亦名草罗），犀谓之矣（读如咸），带谓之佉苴（《云南备征志》本此处作法苴，兹参本卷首节曹长以下‘得系金佉苴’，次节‘谓腰带曰佉苴’及管内物产第七：‘未得系金佉苴者，悉用犀革为佉苴，皆朱漆之。’及《新唐书》：‘佉苴韦带也。’等改），饭谓之喻，盐谓之宾，鹿谓之识，牛谓之舍，川谓之赕，谷谓之浪，山谓之和，山顶谓之葱路，舞谓之伽傍。加，富也。阁，高也。诺，深也。苴，俊也。东爨谓城为弄，谓竹为蓊，谓盐为眴，谓地为渘，谓请为数，谓酸为制。言语并与白蛮不同。”所举南诏二十二语中，经指明为东爨乌蛮语的有六个；未经指明，而言外之意为白蛮语的有十六个。六个东爨乌蛮语中，有五语和现在的罗罗语相似，只有地为“渘”一语不符。十六个白蛮语中，犀谓之矣，原注“矣”读如咸。如果将注语读如咸三字删除，矣读本音，则与傣语之Riet（犀）相近。舞谓之伽傍，亦似傣语。山顶谓之葱路，似苗语。鹿谓之识，似倮黑语。川谓之赕，似藏语。盐谓之宾，阁、高也等，为现在的民家语。又《晋书》卷一百一十四《载记》十四《符坚传》下末尾，初坚强盛之时，国有童谣云："河水清复清，符诏死新城。""诏"又为晋时的氐族语。"氐"与傣族自称为歹之"歹"字，乃一音之转，如粤语之读"地"为"代"。六赕之"赕",《新唐书》作"睑",《骆宾王文集》作"俭"，即中甸、右甸、巨甸、南甸、施甸、鲁甸、小甸、大松甸之"甸"，为罗罗语。南诏计田曰双，为唐之五亩。计帛曰幂，为唐之四尺五寸。《律学新说》谓：唐之大尺，即营造尺。暹罗计田曰莱，旧时之一莱，约合唐之100平方丈，合1.6亩强。一双等于暹罗的三莱。暹罗改遵法制后之一莱，为1600平方公尺，约合唐之2.60416亩强，一双等于暹罗改遵法制后之1.92莱。南诏一幂之长，约等于营造尺制的一弓的九折，即四尺五寸，滇南汉语称为"小拿"者。称十足一弓之长为拿，或一大拿。傣族及暹罗计帛曰瓦，旧时一瓦之长，大体以我国一弓之长即五营造尺为依据。自西方势力侵入中南半岛、法并安南、英灭缅甸之后，滇省傣人一瓦之长，改为六英尺。等于1.8276公尺，合5.482市尺。暹罗一瓦之长，改为2公尺，合6市尺。幂与双不是傣语，也不是暹罗语。此外，见于《新唐书·南诏传》的：王自称曰元，犹朕也。谓其下曰昶，犹卿尔也。官曰坦绰、曰布燮、曰久赞，谓之清平官，犹唐宰相也。幕爽主兵，爽犹省也。金波罗，虎皮也。王母曰信么，亦曰九么。妃曰进武等官名，凡五六十语，也都不似傣语或暹罗语。而最大的差异，是文法上的不同。按照傣文或暹罗文的文法，凡是由一个专有名字或名词与一个普通名字或名词组合为一个复合的专有名词时，应将普通名字或名词置于专有名字或名词的前面。如“南诏”，应作“诏南”，“云南睑”“蒙舍睑”，应作“睑云南”“睑蒙舍”。凡是由一个形容字或词与一个普通名字或名词组合为一个复合的专有名词或普通名词时，应将形容字或词，置于普通名字或词的后面。如“南诏”（南字作形容词解时），应作“诏南”；“白崖睑”，应作“睑崖白”之类。惜吾人所能获知的南诏语无多，单辞只字，不能作进一步的比较研究。同时南诏的语言，很为混杂，已略举如上。但暹罗语成分所占的比例则绝少。《蛮书》说：言语音白蛮最正，蒙舍蛮次之。所谓正者，似即指混有很多汉语，汉人听来，有几分了解而言也。又关于“行诺”之俗，今于罗罗缅甸语系的阿卡族中，仍有残余的痕迹可寻。阿卡遇有人询问其名之时，尚须另倩一人代他转答之类。就语言及其文法上的差异，以及行诺的习俗观察研究下来，南诏应属于罗罗系部族，不是泰族。

南诏的条教，也甚为重要。据《蛮书·南蛮条教》第九：南诏置有“清平官六人，每日（《云南备征志》“日”作“口”，参“大军将一十二人，与清平官同列，每日见南诏议事”节及《新唐书》“大军将十二，与清平官等，列日议事王所”句改）与南诏参议境内大事。其中推量一人为内算官，凡有文书，便代南诏判押处置，有副两员同勾当。又外算官两人，或清平官或大军将兼领之。六曹公事文书成，合行下者，一切是外算官。与本曹出文牒行下，亦无商量裁制。又有同伦判官两人，南诏有所处分，辄疏记之，转付六曹”。又置“大军将一十二人，与清平官同列。每日见南诏议事。出则领要害城镇，称节度。有事迹功劳殊尤者，得除授清平官”。“其六曹长即为主外司公务。六曹长六人，兵曹、户曹、客曹、刑曹、工曹、仓曹，一如内州府六司所掌之事。又有断事曹长，推鞫盗贼；军谋曹长，主阴阳占候，同伦长两人，各有副都，主月终唱。诸曹稽逋如录事之职。曹官文牒下诸城镇，皆呼主者。六曹长有功效明著，得迁补大军将”。又置羽仪若干员，“皆清平官等子弟充，诸蛮不与焉。常在云南王左右，羽仪长帐前管系之。羽仪长八人，如方内节度支衙官之属。清平官已下，每入见南诏，皆不得佩剑，唯羽仪长得佩剑。出入卧外，虽不主公事，最为心腹亲信”。“罗苴子皆于乡兵中试入，故称四军苴子。戴光兜鍪，负犀皮铜股排，跣足历险如飞。每百人罗苴佐一人管之。负排又从罗苴中拣入，无员数。南诏及诸镇大军将起坐不相离捍蔽者，皆负排也”。“战斗不分文武。无杂色役。每有征发，但下文书与村邑理人处，剋往来月日而已。其兵仗人各自赍，更无官给（武器有铎鞘、郁刀、浪剑、膜弓，枪箭多用斑竹）。百家以上有总佐一，千人以上有理人官一，人约万家以来，即制都督，递相管辖”。上官授与（《新唐书》作“授田”）四十双，汉二顷也。上户三十双，汉一顷五十亩。中户下户各有差降。每家有丁壮，皆定为马军（《新唐书》作“壮者皆为战卒，有马为骑军”），各据邑居远近，分为四军。以旗旛色别其东南西北，每面置一将，或管千人，或五百人。四军又置一军将统之。如有贼盗入界，即罪在所入处面将。”《新唐书》卷二百二十二上《南诏传》曰：“官曰坦绰，曰布爕，曰久赞，谓之清平官。所以决国事轻重，犹唐宰相也。曰酋望，曰正酋望，曰员外酋望，曰大军将，曰员外，犹试官也。幕爽主兵，琮爽主户籍，慈爽主礼，罚爽主刑，劝爽主官人，厥爽主工馆，万爽主财用，引爽主客，禾爽主商贾，皆清平官、酋望、大军将兼之。爽犹言省也。督爽总三省也。乞托主马，禄托主牛，巨托主仓廪，亦清平官、酋望、大军将兼之。曰爽酋，曰弥勒，曰勤齐，掌赋税。曰兵獳司，掌机密。大府主将曰演习，副曰演览，中府主将曰缮裔，副曰缮览，下府主将曰澹酋，副曰澹览，小府主将曰幕抟，副曰幕览。府有陀酋，若管记，有陀西，若判官，大抵如此。”又曰：“以清平子弟为羽仪。王左右有羽仪长八人，清平官见王不得佩剑，唯羽仪长佩之为亲信。有六曹长，曹长有功补大军将。大军将十二，与清平官等列日议事王府，出治军壁称节度，次补清平官，有内算官代王裁处，外算官记王所处分以付六曹。外则有六节度，曰：弄栋、永昌、银生、剑川、柘东、丽水。有二都督：会川、通海。有十睑，夷语睑若州，曰云南睑、白崖睑亦曰勃弄睑、品澹睑、邆川睑、蒙舍睑、大厘睑亦曰史睑、苴咩睑亦曰阳睑、蒙秦睑、矣和睑、赵川睑。”云云。近今在国内的泰掸语系部族，以广西的壮人为数最多，其次为贵州的仲家、洞家及水家，均已汉化。聚居于云南东南部的侬人及西部的汉傣，汉化的程度亦不浅。如南甸宣抚使司，宣抚使之下，置护印、护理、总理、司爷等人员。再其下有千夫长、百夫长、门房、书房、库房、差房、军装房、堂房、内幕、外幕及团练局等人员。地方制度分为两级，即撮、甿与村寨。撮设乡约，甿设头人。撮、甿之下有村寨，外有抚夷。干崖宣抚使司宣抚使之下，设有参议处，有司务会议。下辖总务处、军务处、团务处、财务处、建设处、内处、外处、文书处、教育处、保路处等十处。处之下设组及科，如财务处辖征收、预算及会计三组。内处之下辖监务、传达、庶务三科是。地方制度分为甿、街与村寨两级。各设头人。外有大山官、小山官等之设置。芒市安抚使司安抚使之下，置护印、护理、署官、师爷、门房、库房、差房、书房与土练等人员。地方制度分练、甿与村寨两级。练、甿置头人，村寨各置“老幸”（正头人）、火头（副头人）各一人，分管地方事务。他如陇川宣抚，勐卯安抚等土司，所设置亦大体相同。尤其干崖宣抚使司之组织，汉化的程度很深。只有聚居在滇南十二版纳及澜沧县属孟连一带的水傣，尚保存其原来的政治形态、生活方式、风俗习惯，因此暹罗称之为原始泰。生在20世纪之吾人，以文献无征，现已无法获知9世纪中，《蛮书》成书时代即唐懿宗咸通间（860 ~ 870），居住在滇境的傣人情况以及其条教如何？只有就滇境现有泰掸语系部族中，尚未接受汉化或汉化甚微，一切比较原始的车里土司的政治形态来和《蛮书》所载的《南诏条教》，作一比较研究，不唯因为车里土司的政治形态比较原始，并且车里宣慰使司宣慰使的品级，较滇西各司为高。车里宣慰使的品级为从三品，南甸、干崖、陇川、耿马等各宣抚使为从四品，芒市、勐卯等各安抚使为从五品。车里宣慰使司宣慰使之下，设有副宣慰使等三十二大员，其官称及职司如次：（一）曰乌巴逻阁，义为副王，吾人称为副宣慰使。处理全境政务，则有类似国会的“司廊”制度，由各大头目组成之。（二）曰诏景哈，为司廊的首席，即各大头目之领袖头目，称巴他马阿戛摩诃些那，译言首相，亦相当于内阁总理。（三）曰都竜稿，司内政，亦称怀郎曼卧。（四）曰怀郎曼空，司枢要。（五）曰怀郎庄网，司赋税，与诏景哈、都竜稿、怀郎曼空，为负责行政的四大丞相，即四大头目。（六）曰都竜帕厦，司库。（七）曰都竜那干，司军械。（八）曰都竜那夸，亦译都竜纳花，司军政，即右将军。（九）曰都竜掌，司大象。（十）曰叭竜那韄，司仪队。（十一）曰叭竜那禀，司谏。（十二）曰叭竜过，司侍从。（十三）曰叭竜那麻，司马匹，兼御医。（十四）曰叭竜那倭，司舆乖。（十五）曰叭竜榭养，宣慰使巡狩，司检队。（十六）曰叭竜榭囊，司罿。（十七）曰叭竜赛，司兵马，即左将军，位次于右将军。（十八）曰叭竜哈怀，司赕佛。（十九）曰叭竜诏戛，司市政。（二十）曰叭竜欵，司翊卫。（二十一）曰叭真汉，先锋，位次于左将军，与都竜那夸、叭竜赛，为负责军事之三大臣。（二十二）曰叭榭网雷，司巡捕。（二十三）曰叭庄禀，宣慰使疾，司祈祷。（二十四）曰叭那广，司仪礼。（二十五）曰叭那瓦，司船舶。（二十六）曰叭那郢，司刑。（二十七）曰叭兴勒，司行舟及架桥。（二十八）曰叭般若，司新年竞舟。（二十九）曰叭那雷，司祈年。（三十）曰叭那徽，司鱼罟。（三十一）曰叭波勐莽，司接待缅宾。（三十二）曰叭波勐和，司接待汉宾等。除乌巴逻阇外，共三十一员，以诏景哈为领导，采合议制，会议处理全十二版纳大事。此外尚有负责史事及文书的官员，在中枢者，称都竜献，或叭竜献；在各土司地者，称为叭献，下一级曰鲊献。成年丁壮，皆为战卒。每年农隙之时，由军头称为昆汉者，分区召集各家丁壮，教以征战攻守。各家并须从事于军备军需的制造及供应。武器之利者：有长刀、斧、矛、弩箭之属，近今则有枪。有事则由昆汉率领战卒受右将军都竜那夸之统率指挥，从事征战。战事结束，与战卒同归于农。经过军训的各家丁壮，并须轮流宿卫于宣慰使司。分全境为十二州曰十二版纳，以子弟分封之。领土扩展或蹙减，大都仍照十二州之数为区划。南诏以行政区划之名，其训为州之“睑”，置于地名之后，如云南睑、白崖睑。傣人以行政区划之名，其训为州或府之“版纳”，其训为县之“勐”，置于地名之前，如版纳景昽、版纳整董、勐海、勐乌得（即景昽州）、整董州、海县、乌得县之谓。暹罗与十二版纳同，亦以行政区划之名，其训为府之“章娃”，其训为县之“安坡”，置于地名之前，如安坡芳章娃清迈、安坡夜柿章娃清莱，即清迈府芳县、清莱府夜柿县之谓。车里地方制度，分为版纳、勐、蛮（即村寨）等三级。每一版纳辖若干勐，每一勐辖若干蛮。版纳及部分勐，领以王族，称为诏，吾人称为土司，有土千总、土把总、土便委等之分。部分勐及蛮之头目，由人民推选，有叭、鲊、线之分，受土司之监督，采合议制办理地方自治事务。暹罗地方制度，有区域、府及县之分，集若干府为一区域，置区督察专员一人，或增副督察专员一人，受内务部节制，处理区域政务。府置正副府尹，县置正副县长，分别处理府、县政务。县以下分区、镇、市等三级，治理较密，已现代化，不是原始的政情了。吾人根据南诏的条教和原始泰的条教作一比较，觉差异极大，无一相似之处。由条教方面来说，南诏和泰族是大不相同的。

“南俗务田农菜圃。”稻、麦、麻、豆、黍、稷皆种之。“上官授田四十双（唐五亩为一双），上户三十双，中户下户各有差降”，“无贵贱皆耕”。“每耕田用三尺犁，格长丈余，两牛相去七八尺，一佃人前牵犁，一佃人持按犁辕，一佃人秉耒。”并善治山田，浇田用源泉，水旱无损。收刈已毕，蛮官据佃人家口数目，支给禾稻，其余悉输官（《新唐书》卷二百二十二《南诏传》云：不徭役，人岁输米二斗，与此异）。“蛮地无桑，悉养柘蚕绕树……三月中茧出。抽丝法稍异中土。精者为纺丝绫，亦织为锦及绢。其纺丝入朱紫以为上服。锦文颇有密致奇采。俗不解织绫罗”。大和三年，南诏弄栋节度使寇西川，虏掠成都玉帛子女工巧之具而归，遂亦解织绫罗，精致与蜀锦相埒。亦有刺绣，并产毡。自银生城、柘南城、寻传、祁鲜以西，不养蚕，以婆罗树絮，组织为方幅，裁之笼头，男子妇女通服之。原始泰亦务田农，唯鲜蓺菜圃，大都采野蔌佐餐，水田种水稻，旱地种麻、豆、黍、稷，不种麦。田为村有制，按户均分，贵族有公田，但不亲耕，例由人民代耕代种，公田所获悉输官，私田所获，概属私有，不输官。耕田用水牛一头，如用黄牛，则须二头，仅一农人在后秉犁而耕，不须牵牛及持按犁辕之人。水田靠天雨，天旱则歉收。亦有沟渠的灌溉。十二版纳野生桑柘均多，但无人养蚕。概种草棉，而以其絮纺纱织布为衣被之用。布幅阔一肘（称为一索，约十八英寸），每匹约长五拿（三十英尺上下）。称为娑罗布。十二版纳鲜畜绵羊，不产毡。吾人根据南诏的耕织情况和原始泰的耕织情况作一比较，差异亦大。南诏务田农菜圃，原始泰务田农而不蓺园蔬。南诏种麦，原始泰不种麦。南诏之田概由公家按上中下授予，无贵贱皆耕。所获除由蛮官据佃人家口数目，支给禾稻，其余悉输官。原始泰之田土为村公有，由村自治机构按户均分，贵族不亲耕，其田由所管人民代耕代种。官田所获输官，私田所获，概属私有；有徭役。南诏养柘蚕，抽丝织绫绢，有刺绣，并畜绵羊制毡；原始泰不养蚕，以草棉絮纺纱织布，亦有刺绣，鲜畜绵羊，不产毡。种种，南诏与泰族是不相同的。

《蛮书·蛮夷风俗》第八："其蛮，丈夫一切披毡，其余衣服，略与汉同，唯头囊特异耳。南诏以红绫，其余向下皆以皂绫绢。其制度取一幅物，近边撮缝为角，刻木如樗蒲头，实角中。总发于脑后为一髻，即取头囊都包裹头髻上结之。羽仪以下及诸动有一切房甄别者，然后得头囊，若子弟及四军罗苴已下，则当额络为一髻，不得戴囊角。当顶撮鬘髻，并披毡皮。俗皆跣足，虽清平官、大军将亦不以为耻。曹长以下，得系金佉苴。或有等第战功褒奖得系者，不限常例。贵绯、紫两色。得紫后，有大功则得锦。又有超等殊功者，则得全披波罗皮。其次功则胸前背后得披，而阙其袖。又以次功，则胸前得披，并阙其背。谓之大虫皮，亦曰波罗皮。谓腰带曰佉苴。妇人一切不施粉黛。贵者以绫锦为裙襦，其上仍披锦方幅为饰。两股辫其发为髻。髻上及耳，多缀真珠、金、贝、瑟瑟、琥珀。贵家仆女亦有裙衫。常披毡及以缯帛韬其发，亦谓之头囊。”《管内物产》第七：“抽丝法稍异中土，精者为纺丝绫，亦织为锦及绢。其纺丝入朱紫以为上服。锦文颇有密致奇采。蛮及家口，悉不许为衣服。其绢极粗，原细入色，制如衾被。庶贱男女，许以披之，亦有刺绣。蛮王并清平官礼衣悉服锦绣，皆上缀波罗皮。”“负排罗苴已下，未得系金佉苴者，悉用犀革为佉苴，皆朱漆之。”十二版纳之原始泰的男子上衣短襦，冬加短棉袄，下服大裆长裤，均用深蓝色棉织物缝制。挽髻于顶，或加包头巾，佩长刀，挂背袋，袋中储槟榔盒、烟草匣及饭箪等物。妇女上衣方领窄袖紧身短襦，衣四角作锐角形而外翘。交衽，可左右衽互换，不用纽扣，而系以布带，用白色或深蓝色棉织物裁制，城市妇女上衣，喜用白色，乡间喜用深蓝色，下裳作筒状，称为筒裙或桶裙，裙长及地，分为三段，上段以红、紫、黄、绿等色棉纱或丝、麻相间织成，作横条子花，约占裙长三分之一；中段最长，普通用深绿色棉、毛织物，或用织花缎料，约占裙长二分之一；最下一段，则用白色棉织物，并镶花缏一二周，占全裙十分之一二长度，不御内裤。顶挽凤髻，贵族妇女饰髻以金银钗或金银花朵或珠串。耳饰镳锅。平民耳饰多数为红绿色通草或铜质镳锅，御手镯。贵族妇女施脂粉。宣慰使及各地土司之衣裤及包头巾，多购用汉地出产之丝织品，平民概用自纺自织自染之棉织品。清时宣慰使得穿黄马褂。官民男妇，通无束带，大都将裤裙最上端，折叠紧别于脐部，工作或行路，均易松脱，时须重整。贵族或饰金银质裤裙束带，但并非为固定下裳目的而御，不过供装饰耳。宣慰使及各地土司履用尖头皮鞋，平民用木屐或拖鞋。入室或登楼，必须将鞋屐脱置于门外或楼梯之下，室内跣足，室外不跣足（自称由大理迁居十二版纳、缅属景栋以及暹罗北部山区之阿卡族人，今犹跣足，脚板粗厚如革，履荆棘如平地）。概不披毡。被褥枕幛皆为棉制品。贵族与城市平民之衣饰，差距不大。统兵官与战卒的衣着，均无特别之规定。南诏与原始泰的衣饰，并不相同。又《蛮夷风俗》第八："南诏家食用金银，其余官将则用竹箪，贵者饭以箸，不匙，贱者抟之而食。""取生鹅治如脍法，方寸切之，和生胡瓜及椒椴啖之，谓之鹅阙，土俗以为上味。"酝酒以稻米，"每饮酒欲阑，即起前席奉觞相劝，有性所不能者，乃至起前席扼腕的额，或挽或推，情礼之中，以此为重"。又《管内物产》第七："茶出银生城界诸山，散收无采造法。蒙舍蛮以椒姜桂和烹而饮之。"宣慰使及各地土司家食具多银制，头目平民家食具有瓷器、陶器或竹器。大都抟饭而食，亦用匙箸。以糯米为主食，副食为鸟、兽、鱼肉、蜂蛹、竹虫、青蛙、蚱蜢、瓜、果、青苔、酸干笋丝及野蔌之类。嗜牛肉剁生，将生牛肉剁细，加牛血、牛屎肠羹、盐、辣椒等拌和而食，视为上味，称之曰"腊"，滇人通称剁生。酿酒以糯米。贵族宴会，大都召良家女子善饮者席侧侑酒，有不能胜者，侑酒女郎，须代客干杯。无起前席扼腕的颡，或推或挽，以重情礼之俗。原始泰地区盛产茶，土人采摘嫩芽或嫩叶，用日光或蒸汽或炒使凋萎，然后揉捻，置日光下曝干，即为成茶。食时大都先以小型瓦罐纳入三脚灶火灰中烧红，取干茶叶一撮，投入瓦罐，不断摇动，使茶叶烤有焦香味时，急冲入沸水，声隆隆不绝，俟其出味，倾出饮用，别具风味，称为雷响茶，与南诏以椒姜桂和烹而饮之的方法不类，南诏与原始泰的饮食及劝酒的情形，亦大有不同。南诏“凡人家所居，皆依傍四山，上栋下宇，悉与汉同，唯东西南北，不取周正耳，别置仓舍，有栏槛，脚高数丈，云避田鼠也。上阁如车盖状”。原始泰的房屋，居多临水，分上下两层，上层住人，下层高约五六尺，畜牛马鸡猪，堆柴薪，置杵臼。贵族建屋用砖瓦木材，以多柱为贵（车里宣慰使官邸，有柱约一百二十）。格式与中土不类。平民以木或竹为屋架，屋顶覆茅草或树叶或木片，旁建谷仓，与住宅同高度，谷仓下堆放柴薪杂物，均不得覆瓦。南诏与原始泰的房屋建筑，亦有所不同。

《蛮书·蛮夷风俗》第八：南诏“本土不用钱。凡交易缯帛、毡罽、金、银、瑟瑟、牛、羊之属，以缯帛幂数计之，云某物色直若干幂”。缯帛以四尺五寸为一幂。亦用贝，贝者大若指，十六枚为一幂。产颗盐之地，则交易即以盐之颗数计之，颗盐每颗约一两二两不等。十二版纳之原始泰，古时行以物易物之法，继用贝，后用锅片银。民国以来用银元，辅以铜币。其古代载籍中，尚未发现以帛计值的记载。不无差异。

《蛮书·蛮夷风俗》第八："南诏有妻妾数百人，总谓之诏佐。清平官、大军将有妻妾数十人。俗法处子孀妇出入不禁。少年子弟暮夜游行闾巷，吹葫芦笙，或吹树叶。声韵之中，皆寄情言，用相呼召。嫁娶之夕，私夫悉来相送。既嫁有犯，男子格杀无罪，妇人亦死。或有强家富室责资财赎命者，则迁徙丽水瘴地，终弃之，法不得再合。"原始泰之车里宣慰使，一妻数妾（《南诏野史》载，明代澜沧江外摆夷头目有妻数百人）。至各地土司，或一夫一妻，或一妻一二妾。男女社交公开，妇女出入不禁。少年子弟，可自由探访任何妇女，无论闺女孀妇或有夫之妇。有夫之妇大都能严守妇道，不幸有奸情败露，最重不过离婚，离婚极简易，离婚后即可自由改嫁，不受法律限制。又"蒙舍及诸乌蛮不墓葬，凡死后三日焚尸，其余灰烬，掩以土壤，唯收两耳。南诏家则贮以金瓶，又重以银函盛之，深藏别室，四时将出祭之。其余家或铜瓶铁瓶盛耳藏之也"。暹罗人及原始泰之傣泐，则有火葬、土葬、水葬及天葬之不同。暹罗多数用火葬，傣泐多数用土葬，无收两耳贮瓶，深藏别室，四时将出祭之的风俗。白蛮死后三日内殡葬。依汉法为墓。婚丧亦互不相同。

《蛮书·蛮夷风俗》第八：南诏"每年十一月一日盛会客，造酒醴，杀牛羊，亲族邻里，更相宴乐，三月内作乐相庆，唯务追欢。户外必设桃茢，如岁旦然，改年即用建寅之月，其余节日，粗与汉同。唯不知有寒食清明耳”。每年十一月一日之盛会客，相宴乐，户外设桃茢，如岁旦等，应即为南诏的新年旧俗。有类于周时之子正。改年用建寅之月，则为仿自唐历，不为民间采用，因无所举行。亦犹吾国改行阳历，阳历元旦日仅机关学校有纪念。民间仍重旧历岁旦，换桃符，燃炮仗，新年期间，互相邀宴，欢庆往返，备极热烈的情形。原始泰之傣泐的新年，大都在清明后十日，亦即阳历的四月十五日，傣泐语曰“鲜迈”，译言新年。至日，勿论贵族平民，均须沐浴，更换新衣，诣佛寺赕佛，为佛像洁净金身，然后男男女女，互相洒水祝福，并堆沙。吾人因称之为泼水节，亦称为堆沙节。傣泐小历的一月，相当于我国旧历的十月，有类于秦时的亥正。暹罗北部清迈一带。则自阳历四月十三日起，至十六日止为新年，暹罗语曰“宋干兰”，俗称宋干节。家家户户，打扫清洁，燃放爆竹（国内傣族及暹罗北部清迈的爆竹，制以长尺余，径一二寸之竹筒，与近今国人卷纸为之称为炮仗者不同。《荆楚岁时记》曰：“元旦爆竹于庭。”《通俗编》曰：“古时爆竹，皆以真竹为之”是也，沐浴华装，诣佛寺拜佛后，红男绿女，十数万人，游行街巷，互相泼水为戏，其盛况远为我国之新年所不及。清迈一带所行小历的一月，相当于我国旧历的九月，行戌正。摆夷及暹罗人的新年习俗，均与南诏有所不同。

南诏的宗教信仰，有佛教、道教及泛灵。据元张道宗的《纪古滇说》，南诏第一世立国之主细奴逻，即已勤供自天竺前来乞食的梵僧。唐开元二年（714），盛逻皮遣其相张建成朝唐，玄宗赐浮屠像，南诏始有中国之佛书。其后阁逻凤叛唐归附吐蕃，又传入吐蕃之密宗。异牟寻与唐使崔佐时盟于点苍山时，誓文中有“上请天地水三官、五岳、四渎及管川谷诸神灵，同时降临，永为证据”之语，则又信奉天师道，亦称五斗米道。细奴逻封十二圣贤为十二山神。盛逻皮立土主庙，异牟寻封五岳四渎，立三皇庙等，则又信仰泛灵。南诏的宗教信仰是颇为庞杂的。傣人及暹罗人普遍信仰小乘佛教。十二版纳的泐文载籍中累言及蒲甘王阿奴律陀事，其信仰之小乘佛教，似即传自蒲甘，与中土无关。观其佛寺佛塔的构造，与缅甸、暹罗的佛寺佛塔为同一形式，而与大理一带佛寺佛塔之为中国作风者不同。暹罗的佛教宗派，则比较复杂，大约7世纪时，有由印度摩揭陀传入之小乘佛教；8世纪时，有经由室利佛逝传播之大乘佛教；11世纪时，有由蒲甘传入之小乘佛教；13世纪时，有由锡兰传入之楞伽宗派。南诏与摆夷、暹罗人等，虽同奉佛教，但佛教传入的源流不尽相同。观唐开元初遣大匠恭韬徽义至南诏建造之三塔及崇圣寺与十二版纳及缅、暹等地的古今佛寺佛塔的构造形式相比较，其作风完全不同。且南诏家无贫富，皆有佛堂，人无老壮，手不释数珠，一岁之间斋戒几半，绝不茹荤饮酒，至斋毕乃已。傣族及暹罗民户，均无佛堂之设，即僧人亦不茹素。由宗教方面观察，南诏与滇境傣人以及暹罗，虽同奉佛教，但差异仍是很大的。

就上举（一）源流，（二）父子连名制，（三）语言，（四）条教，（五）耕织，（六）衣食住，（七）交易，（八）婚丧，（九）年节，（十）宗教等十项探讨观察比较下来，南诏不似泰族。

最后，吾人再来看看《蛮书》、新旧两《唐书》及其他载籍，对南诏的族类怎么说：《蛮书·六诏》第三，一开始便说："六诏并乌蛮。"又说："蒙舍，一诏也，居蒙舍川，在诸部落之南，故称南诏也。姓蒙。"同书《名类》第四："西爨，白蛮也。东爨，乌蛮也……阁逻凤遣昆川城使杨牟利以兵威胁西爨，徙二十余万户于永昌城。乌蛮以言语不通，多散林谷，故得不徙。"最值得注意的是"乌蛮以言语不通……故得不徙"。"多散林谷"，虽亦为构成得以不徙的一个原因，然尚非主要的原因。主要的原因，应为东爨乌蛮的言语与南诏不通，所以才把它列为构成不徙的第一原因，而多散林谷尚在其次。《蛮书·六诏》第三虽说"六诏并乌蛮"，但六诏之一的南诏的言语，与东爨乌蛮的言语并不相通。由不胁徙乌蛮的借口推测下来，似乎南诏与西爨白蛮的言语，反而较诸与东爨乌蛮的言语为接近。证以同书名类第四"青蛉蛮，亦白蛮苗裔也……衣服言语与蒙舍略同"的记载，可以得其消息。是则《蛮书·六诏》第三虽言"六诏并乌蛮”，然就其与东爨乌蛮言语不通一层看来，南诏与东爨乌蛮，不无有所差别，旧新两《唐书》均言南诏为乌蛮之别种者，当即以此。西爨白蛮被徙后，乌蛮种遂徙居西爨故地，与南诏为婚姻之家。《新唐书》：“乌蛮与南诏婚姻，其种分七部落：一曰阿芋路，居曲州、靖州故地；二曰阿猛；三曰夔山；四曰暴蛮；五曰卢鹿蛮，二部落，分保竹子岭；六曰磨弥敛；七曰勿邓。”唐时乌蛮仲弁田之裔乌蒙，号乌蒙部，宋封乌蒙王，元初置为乌蒙路，明改为乌蒙军民府。明太祖谓乌蒙及附近诸部皆属罗罗族，乌蒙等名不过其支派云。《南诏野史》称“黑罗罗即东爨乌蛮”。《蛮书·名类》第四著录南诏部族三十余种，叙明为乌蛮苗裔种类者，有独锦蛮、长裤蛮、施蛮、顺蛮、磨蛮、栗粟两姓蛮、雷蛮、梦蛮等。叙明为白蛮苗裔者，有弄栋蛮、青蛉蛮等。叙明本汉人者，有裳人一种。未叙明所属者，有磨些蛮、河蛮、扑子蛮、寻传蛮、裸形蛮、望苴子蛮、望蛮外喻部落、黑齿蛮、金齿蛮、银齿蛮、绣脚蛮、绣面蛮、僧耆、穿鼻蛮、长鬃蛮、栋峰蛮、茫蛮部落、丰巴蛮、崇魔蛮、桃花人等多种。其中磨些蛮一种，虽未叙明其所属，而置于乌蛮种类的磨蛮之后，栗粟两姓蛮之前，《南诏野史》作摩梦，著录为乌蛮别种，亦即乌蛮之类。但未叙明南诏在此三十余种部族中，属于何种部族，抑在此三十余种之外的一种乌蛮。不过南诏为乌蛮部族中，言语与白蛮苗裔的青蛉蛮略同的别种，则是可以肯定的。《南诏野史》列有南诏各种蛮夷六十条，包括南诏部族七八十种，亦未透露此乌蛮之别种的南诏大蒙国王族蒙氏之所属。宋乐史在其所著《太平寰宇记》中说："南平蛮北与涪州接，部落四千余户，山有毒草及沙虱蝮蛇，人并楼居，登梯而上，号为干栏。其王姓周（《唐书》作朱）氏，号剑荔王。唐贞观三年（629），遣使入朝，以其地隶渝州。按即南诏蛮是也……其人美发为椎髻，土多女少男。为婚之法，女氏必先以货求男族。贫人无以嫁女，多卖与富人为婢。俗皆妇人执役。"所记盖采自《旧唐书》，唯易南平僚作南平蛮耳。新旧两《唐书》均作南平僚，别有《南诏传》，无南平僚即南诏蛮之说，不知乐氏所本？僚始见于晋人记载。《云南通志》卷一八四引《皇清职贡图》曰："相传为鸠僚种，亦滇中乌蛮之一。"分布甚广，贵州、四川、湖南、湖北、陕西、广西、云南等省皆有之，云南境内之僚，来自川、黔、桂之交。据《魏书》列传第八十九《僚传》曰"其丈夫称阿谟阿段，妇人称阿夷阿等之类"，则颇似车里攸罗族之命名，而攸罗为窝泥的一个支派。清代若干记载，且直称攸罗为窝泥。但古籍中所记载的僚族文化要素，如生子置水中验浮沉以定弃取，产翁坐月，竖棺而葬，鼻饮，贵壮贱老，食人，祀人头，拔牙齿各一以为身饰等，与南诏的风俗是很不相同的，亦不同于攸罗，更不同于泰族。《乐史》南平僚即南诏蛮之说，殊难令人赞同。又曹树翘在其所著《滇南杂志》

中，则认为南诏王族是哀牢之蒲种。其言曰："永昌城东哀牢山下，有二庙，俗名大官小官庙。每正月十六日，蒲僰会祭，城中亦往。凡水旱，官亦往祷。题神位大官则曰：大定戎方天下灵帝；小官则曰：大圣信苴利物灵帝。此必蒙氏世隆潜号改国曰大礼时，故即其始祖生长之地而祠之也。按蒙氏出自永昌苴笃之裔，哀牢山其所产也。及细奴暹由哀牢避难于蒙认（按：应作蒙舍川），遂代张氏立国称王。传暹晟、晟传罗皮阁（按：当作晟传晟逻皮，皮传皮罗阁），尽灭五诏，从蒙舍诏徙居大理，传阁罗凤，凤传异牟寻，寻都苴咩（即大理），别都鄯兰（即云南），传寻阁劝，劝传劝龙晟、劝利晟，利晟传丰佑，丰佑传世隆，世隆追封其十世之祖曰大定戎方，盖指创有南方之祖也。曰大圣利物，盖指其安辑哀牢之祖也。皆本细奴逻以上而祠祀哀牢山下，以不忘本始之意耳。僰人相传：大官为叔，小官为侄，则不可考。今以小官塑像观之，其衣服之制，俱与蒲蛮同。两庙皆被火更建，皆易以礼服耳。唯小庙像未焚，故可考。今府县官上任，谒城隍即谒二庙，了不知为蒙氏上祖，哀牢山土主，蒙世隆所立，故略记之。然则神故蒲而文饰则僰也。蒙段僭窃五百余年，其本在此，盖哀牢之蒲种也。"曹氏依据小官塑像之衣服之制与蒲蛮相同，又认为大官小官二庙，必为蒙氏世隆僭号改国曰大礼时，"故即其始祖生长之地而祠之"。遂推断南诏王室为蒲种。其观察研考之处，是值得注意的，唯仅凭塑像衣服之制一项而论断，证据似慊不足，盖《蛮书》名类，言其衣服，与白蛮苗裔之青蛉蛮略同也[①]。同时南诏传世风俗，文化物质，与蒲蛮差异很大，尚难据为定论。至于建立大长和国的郑氏买嗣，乃唐隽州西泸令郑回之七世孙，属汉族。建立大天兴国的赵氏，大义宁国的杨氏，大理国与后理国的段氏及大中国的高氏等五朝，皆属白蛮族类。计自蒙氏细奴逻于唐太宗贞观二十三年己酉（649）建立大蒙国起，至宋理宗宝祐元年癸丑（1253）南诏后理国主段氏兴智为蒙古所俘，南诏国亡止。凡七朝605年。此七朝六氏的建国者，都不是泰族。

①本文写于民国二十七年（1938）杪，原为《暹程纪略》之附录，不料纪略下卷文稿，被承印公司遗失，同时上卷又被公司友好加以窜改，尤其八百媳妇国被改为八百妇女国，交书时，还很得意地说：“八百媳妇不通，没有八百儿子，怎么会有八百媳妇，我已替你改正为八百妇女国了。”使人啼笑不得！因之印好的纪略上卷，未便发行，仅分赠二三知交而已。《南诏非泰族所建》一文，后收入佛海简师特刊，四十四年收入《南荒内外》。但对于南诏王室及其臣民服装，究竟如何？仍耿耿也。七十二年，购获《南诏大理国新资料的综合研究》一书。印刷精美，对于南诏大理国国主、官吏、将士以及民间的服饰，都可以在《大理国梵像卷》及《南诏图传》中，很清晰地看到，和泰国旧时及各地区傣族的传统服装大不相同，亦不同于蒲蛮（今称布朗）。惜《滇南杂志》著者，未获一睹此稀世珍宝，否则不会认为蒙段盖哀牢之蒲种也。

孟艮土司

思茅在盛清时代，辖地殊广，不唯车里宣慰使司领域归其管辖，即泰国的清莱、清迈等府；缅甸的景栋；寮国的勐信一带，皆在其管辖之内。总面积约12万平方公里有奇。《清史·职官志四》："云南指挥使司指挥使二人，普洱府属：孟艮，古孟掯，召丙袭；整欠，叭光捧袭，俱乾隆三十一年（1766）授。宣慰使司宣慰使一人，普洱府属，车里，顺治十八年（1661）刀穆祷袭。宣抚使司宣抚使七人，普洱府属二人；整卖召纳提袭、景线呐赛袭，俱乾隆三十一年（1766）授，古八百媳妇国地。"又"土守备五人，思茅厅属二人；六本，勐斋袭；景海，勐彪袭，俱乾隆十三年（1748）授"[1]。上述各司，或言思茅厅属，或言普洱府属，然大都由思茅厅所管辖。如车里宣慰使司，史称普洱府属，但清廷颁发之印信，冠以思茅厅字样，文曰："云南思茅厅车里宣慰司之印。"虽著录普洱府属，而实际仍隶思茅厅管辖。其他各司，亦复如是。所以，英俘缅王之后，孟艮径遣使向思茅厅告急也。昔日思茅厅所管辖各司，现仅车里宣慰使司尚在域内，已分别改县。六本、景海、整卖、景线、孟艮、整欠各司，则分属

①《清史稿·职官志四》。

于泰、缅、寮三国。按：六本疑即南奔；景海即清莱；整卖即清迈；景线即清盛（亦译昌盛），今均属泰国。孟艮即景栋，今属缅甸。整欠即勐信[①]，今属寮国。思茅县现有领域，仅三千八百六十七平方公里，不逮盛清时期思茅厅所辖面积百分之三·二。

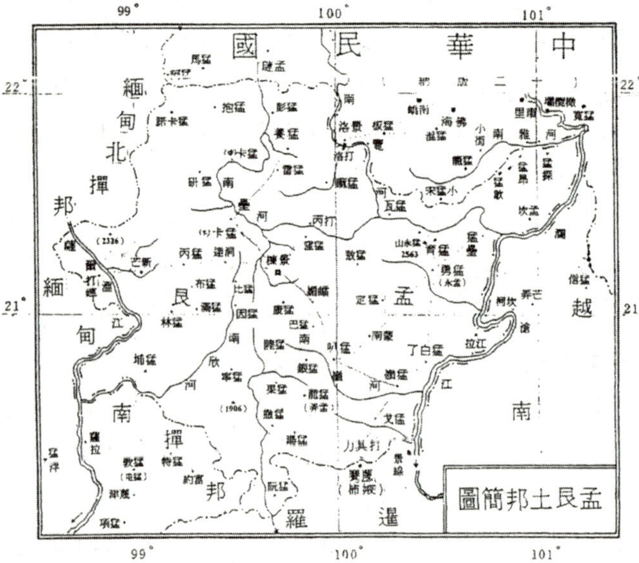

孟艮土司，今通称景栋。其实景栋乃孟艮首府之称，为缅甸东掸邦一大都会。因其城有池曰浡涷，故名景涷。艮语景训为城、为镇、为都会、为首府。浡训为池、为湖，涷为池名，义即涷池城。亦译景东，或译康东。滇侨为别于云南省之景东县起见，把它写

①整欠指挥使司旧治，位澜沧江西之景千（整欠即景千之异译），后移江东之勐信（亦作勐悻，现属老挝）。

作景栋。也有写作景冻或景洞的。琼属侨胞译为昌东，潮属侨胞则根据暹文而译为清东。而景栋一名，为普遍所采用。英图作 Kengtung。元时作耿冻，孟艮乃其全境的名称，孟训为县、为州、为府、为国。艮为其民所自称曰傣艮，意即艮人之国。《明史·云南土司传》曰："孟艮蛮名孟掯。"若以国语罗马字拼土音，则又当作 Meeng Keng 也。

孟艮土司，在元为耿冻路[①]，至正七年（1347）置。明洪武十五年（1382），省入车里。永乐三年（1405）置为孟艮御夷府，以其酋长刀哀知府事，隶云南都司。后隶布政司。正统间（1436 ~ 1450），孟艮地多为木邦所并。景泰中复入贡。嘉靖十一年（1806）附于缅甸。清乾隆间（1736 ~ 1795），杨应琚、明瑞及傅恒等，先后以大兵征缅，孟艮土司复举地内属。乾隆三十一年（1766）置孟艮指挥使司，以其头目诏丙为指挥使。编隶普洱府和普洱镇管辖。清季式微，对于藩属，逐渐失去维护之能力，孟艮土司遂兼臣属于缅甸。光绪十一年（1885），英三战灭缅，俘缅王。当时孟艮土司惶恐不知所措，曾遣使入思茅厅告急，企求庇护，以未得要领，于是遂于次年英军略取上缅甸之时，入于英帝国之版图，为英保护国之一了！

英灭缅甸之后，将其地并入印度，夷为一省，但对于南北掸部三十余土邦，仍各听其自行治理，并保存其原来之王号以羁縻之，而监督之以南掸联合政府

①方国瑜教授以耿冻即整董，非。

和北掸政府。孟艮被划属于南掸联合政府监督之范围。南掸联合监督驻峒巨（Taunggyi，亦译峒己，闽侨译作东枝，远征军译作棠吉。缅语峒训为山，巨训为大，义为大山）。北掸监督驻锡箔（Hsipaw，亦译昔薄）。孟艮乃峒巨之副贰也。英治时期，孟艮南掸部副监督驻嶓媚山上，不驻景栋。嶓媚位于景栋城东南约 15 英里，汽车道迂回长 19.7 英里，海拔 5600 英尺，气候温和，风景绝佳。嶓媚监督署设副监督一员，助理一员及公路监督等，皆英人，共司孟艮全境政务交通等事务。并驻有尼泊尔及印度籍步骑戍兵 500 名，内骑兵 60 名，则多数为印度旁遮普省人。孟艮土司驻景栋。在英帝国怀柔政策之下，尚保有相当之权威，受嶓媚副监督署之监督，有总揽全境地方政治，统率全境民兵，行使征收地方赋税等等权力。平时有常备兵百余名，警察三十多名。孟艮土司自称曰诏法，译言天王。或曰诏帕，译言佛主或佛王。华侨称已故世的老土司诏冠玟[①]曰大官，称前任土司诏杰勐及现位土司诏宰弄曰小官，或依照土语称之曰诏法景栋。其下为司廊的制度，类于议会，与十二版纳大体相同。民国三十七年（1948）元月四日，缅甸脱离不列颠帝国而独立，

①诏冠玟之前任为其兄诏应他亮。诏冠玟死，子诏公泰（又名诏杰勐）嗣。公泰于小历一二九九年（公元1937年）被刺死，子诏宰弄年幼（十一岁），英驻景栋监督罗伯特将之送往伦敦就学。土司职务，即由罗伯特兼代。小历一三〇八年（1946），诏宰弄二十岁，由英学成归来，翌年三月十八日，正式继承其父之土司职位。就职典礼于四月一日举行，以黄、绿、红三色，中缀白日之旗帜为景栋国旗。小历一三二四年（1962），缅甸国防军发动政变，执掌政权，不久，即将孟艮土司，加以撤废。

成为缅甸联邦共和国，将孟艮由南掸联邦划分出来，称为东掸邦，统归掸邦事务部长管理，孀媚英员及英戍兵撤退后，即由缅军接防。孟艮土司职权，渐被削减，进而被迫完全放弃土司原有的统治权。若干土司，后且纷纷锒铛入狱。孟艮土司亦未能例外。土司制度废除后，景栋设为市，由缅甸联邦共和国政府直接派官治理。孀媚设为孀媚县孀媚市。大其力亦设为市。

孟艮全境面积约31080平方公里（12000平方英里），分八十六个部落，即八十六勐。《薛福成出使日记》曰，“所属有三十二孟”，远较近今勐数为少，此盖今昔部落分合不尽相同之故。按孟亦译作勐，有广狭二义：广义之勐，约等于汉字之国或省，或更扩大而指一洲，或整个世界。如呼中国曰勐伽，云南省曰勐和，越南国曰勐交，欧洲曰勐咖拉，世界曰勐总埔；狭之勐约等于汉字之府或州及县，或指范围更小，有田原，有村落，有小部落酋长居守之区域。如昆明曰勐些竜；思茅县曰勐喇；佛海县[①]包括四个土酋领地曰：勐海、勐滘、勐板及勐景洛是也。孟又可作部落解，三十二孟，即三十二个部落之谓。全境八十六部落，共二千八百四十余村，约五万多户，25万人[②]。每平方公里居民八人强，是一个地旷人稀的所在。

孟艮的居民族类，颇为复杂，除艮人外，有缅人、倮黑、阿卡、窝泥、栗粟、蒲蛮、崩竜、卡摩、卡康、

①今称勐海县，并将南峤、宁江裁并入之。

②二十五万，为民国二十年调查数。

苗子及傜人等。就中以艮人为最多。艮人即摆夷，在缅甸的摆夷，近通称掸人，摆夷聚居区曰掸邦。缅语曰享，英文作 Shan，于是又有据英文而别译作珊的。孟艮人自称曰傣艮，侨胞则呼之为艮子。民性柔顺易化。自归英保护，并入缅甸为一个政治单位之后，竞趋缅尚：习缅语，从缅俗，外表观之，已不容易分辨谁是缅人，谁是掸人了。

孟艮人的语言文字，与十二版纳傣泐人的语言文字相同，可以互通。汉人称为艮子话艮子字。其文字虽亦被称为掸文，但与通行于南北掸部的南掸文和北掸文都不同。语言可以互通，文字则不能互通。其他族类如卡钦、倮黑、阿卡、崩竜等，用其固有的方言，而以艮子话为各族间互通情愫的媒介。卡钦、倮黑、阿卡等族，原无文字，近年西洋耶稣教士，用罗马字母，各为之创制拼音文字，作传教的利器。出版物有《新约全书》《赞美歌》本等。

孟艮掸人普遍崇信佛教，凡是男子，都要经过剃度、和尚这一阶段的。他们尊称释迦佛曰“帕诏”，是佛主的意思，《大清一统志》把它认为是孟艮的又一名称，大为错误。全境二千八百余村落中，佛寺九百余所，平均每三个村落，就有一座佛寺，若以人口来分配，则每二百八十人弱，就有一座佛寺，佛教之盛，可以概见。在土司治理时代，教育全权，完全落在佛寺的僧人手里。归英保护后，逐渐有新式学校的设立，以英缅文为主。并有耶稣教会兴办的英文学校，华侨兴办的汉文学校。

孟艮北与云南的车里、佛海、南峤、澜沧等县毗连，东以湄公河与寮国为界，南与泰国的清莱、清迈两府为界。地当滇、泰、寮之冲，为缅甸东掸邦的重镇。在英治时期，英政府年拨巨款，整顿交通，公路四达。西线公路：由景栋西行经勐丙至萨尔温江畔的打崞，长 120 英里，又 171 英里至联合掸邦首府峒巨，再 12 英里至瑞仰。由瑞仰有火车道西行至大市（Thazi），再南折至缅京仰光，长 404 英里。自景栋至仰光，共程 699 英里，需时三日或四日，为孟艮出海的第一条交通要道。闵为人论滇缅西南北之界务说：“今英国之火车，已修至孟艮。”谢彬的《云南游记》也照样引用，其实缅甸东线铁路，仅筑至瑞仰而止，距离孟艮，还有 295 英里之遥呢。南线公路：由景栋南行经勐叭、勐岭、勐戈而至缅泰界河北岸之大其力市，长 105 英里。越过媄柿河桥，即进入泰国最北端的媄柿县。由媄柿有全天候公路南达榄邦（亦译南邦），长 324 公里。由榄邦有火车直南到达泰国的京都曼谷，长 751 公里。自景栋至曼谷共程 105 英里又 1098 公里，共折合英度 787 英里余，需时约三日或四日，为孟艮出海的第二条交通要道。第一第二两道，在战前均已通车。东北线公路：由景栋东北行至打丙江南岸段，在战前，英方已筑有毛路。抗战中，云南全省经济委员会主办的佛海服务社，征得英方同意，于二十九年，由打丙江北岸，延筑至佛海，中国茶叶公司由上海抢运经曼谷而运存于景栋的大型制茶机器，及一铁工厂机件，方得由景栋用双水牛大车，载运至佛海装置，投入生产，将产品运销国外，易回军需物资，供应抗战。佛海至昆明段，政府亦分段兴筑。昆明、呈贡、晋宁、玉溪、峨山段并已通行汽车。中共延筑由峨山经扬武坝、青龙厂、元江、墨江、宁洱、思茅、车里、佛海而至打洛，是即昆洛公路，共长 869 公里。由景栋经打丙、勐麻、小勐拉而至滇边打洛段约 103 公里，则由缅方于民国五十四年（1965）加工兴筑完成，与昆洛公路相衔接。为由滇西南交通中南半岛之通路。其他如邮政、电报、电话，均有设置。并有空运机场，有小型飞机经海和至仰光，交通方便。

景栋有一座砖城，民国十九年（1930），景栋几位老侨胞言：此城是我们中国人在明朝万历年间主持兴筑的，有些砖上，并且还有“大明万历□□年造”的字样云云。我曾几度搜访，但无所获。或许在表面上的，已经磨灭？孟艮于明嘉靖十一年（1532）就附于缅，一直到清乾隆年间杨应琚、明瑞及傅恒等，先后以大兵征缅，又才来归附，想来不会有在万历年间，我们中国人还能在此主建城池的道理。即便筑于是时，也不能仍沿用明朝的年号，因已沦缅多年了。而土人口碑，则谓三十年前，大约在清光绪庚子、辛丑年间（民前十一二年），有一位九十余岁的老妪言：她幼年的时候，曾参与运砖修筑城垣工役，为土司自行主建，但亦有华工参与工作云云。观砖色及砖之大小规格（青砖红砖均有，红砖最多。青砖唯华工所擅长，土人不谙青砖法。红砖规格有1.5×3×6、2×3.5×8、2×4×9英寸大小多种。青砖厚营造尺二寸半弱，约等于英度三寸；宽五寸弱，约英度六寸；长一尺，约英度十二寸半，完全本着中国尺度。砌工亦精粗不一），以及工程技巧，此为近似。就曾经于幼年参与运砖修筑城垣之老妪所言推算，此城当筑于嘉庆（1796 ~ 1820）、道光（1821 ~ 1850）之际，或道光初年，民国十九年（1930）前110年左右。或者此城确兴筑于明时，故侨胞一代一代的递相留传下来。但不应兴筑于万历。或者兴筑于明初设置御夷府，以其酋刀哀为土知府之时代或稍后，而老妪参与之工役，仅为修缮补苴中之一次，所以砖色大小间杂不调和，工程技巧亦精粗不一致。至于格式，则完全仿自中朝。惜土司家乘并若干记录，密不肯示吾人，民间仅有传说，无法确定其兴建之时代。其他建筑物，要算佛寺佛塔为最多。景栋城中，佛寺不下三四十，全境佛寺数目，达924所，佛塔之数更多。佛寺以城中心区的铜佛寺（俗称官家大佛寺）的规模为最大。华侨拜佛有观音寺。景栋城内，最近多新式建筑，如大市场之大礼堂。土司住宅，尤为堂皇矞丽，称为王宫，为英政府于多年前所建赠云。

孟艮天候炎热，原野肥沃，雨量丰沛。农产品以稻米、玉蜀黍、甘蔗、茶叶、烟草、棉、麻、花生等为大宗。果品有椰子、凤梨、香蕉、芒果、波萝蜜，香瓜、西瓜、乳瓜、橘、柚、柑、橙及梨、桃、番桃尤多，遍地皆是。畜产有象、马、牛、羊、猪、犬、鸡、鸭、鹅、鸽。水产富鱼虾。山野多虎、豹、熊、獾、鹿、麋、麂、猬、野牛、豪猪、果狸及各种猿猴。林饶柚木，称为特产。工产的土布，足供本地大部分居民的需要。其他如刀、剪，彩漆提篮，灰陶水壶，银质水盂、擎盘，槟榔盒以及旅行背袋等，制作皆精巧。

孟艮人比较重商，长于小本经营。二次大战前，大一点的商业，几乎被印度商人所垄断。战后，华侨商业勃兴。民国五十四年（1965），缅甸政府突然施行国有化政策，外侨商货，概被接收，吾侨商业，彻底遭受摧残。缅方官吏不长于商务之经营，所接收自外侨之商货，卖完吃光，于缅甸国计，无所补益；民生则一天一天的凋敝。若不改弦易辙，则人民将无昭苏的希望。

景栋城区的掸人，一日三餐，以粳米饭为主食。有一种称为“籼贡”的粳米，做饭白润香软，纵缺乏副食品佐餐，亦易下口。米质之佳，在缅、泰、寮、越一带，首屈一指；亦为蓬莱米所不及。土人有歌曰：“麻丽麻仙峄，嫚丽嫚锡箔，籼丽籼景涑。”译言好马莫好于仙峄（即木邦）的马，美女莫美于锡箔的姑娘，而米则莫优于景栋米的意思，景栋米品质之佳，可以概见。至乡居的掸人，仍以糯米饭为主食，副食为鱼肉蔬蔌瓜果，食时不用箸，以手就盘内将饭菜撮送入口，与缅甸人、印度人的进食方法相同。饮汤用匙，喜饮酒吸烟，尤嗜槟榔，和以荖叶石灰烟茎及儿茶。

幼少年人吸烟饮酒，父母不禁。

掸人衣服，男女上衣，略如我国之对襟马褂，但不加绲领条。男子下衣特别宽阔，裤管特大，可容婴孩。女子下裳曰“禢”，汉人大都译称笼基，或曰纱笼，或曰桶裙，与缅甸妇女装束相差无几。颈挂金链或珠串，衬以洁白上衣，分外显得美丽。乡间衣着朴素，大都用自纺自织自染的棉织品。全境织布机数达二万三千五百多部。占全人口十分之一弱。城市掸人衣服的材料，多属丝绸、呢绒、哔叽、洋布等舶来品，用本土棉织品的人很少。生丝向由云南输入。掸人购以织造上等衣料。自人造纤维纺织品行销以来，生丝市场，遂一蹶不振。

掸人的住宅，在乡间，仍茅舍楼居，即《北史·蛮獠传》的“干阑”，亦即《唐书·南蛮传》的“干栏”。楼下置杵臼，畜六畜，与滇境十二版纳傣泐人的住宅相类。唯室内多一神龛，供奉佛像，稍有不同，盖已深受缅化了。经济情况许可的人家，屋顶多改覆红瓦，以防火患。景栋城区，什九为砖瓦房屋，有本土式，有欧式，有印度式，有欧印混合式。华侨建筑，仍多数保持中式，也有采西式的。

艮人的男女婚姻，是相当自由的，双方恋爱成熟即可结合，恋爱成熟时期，有可以短至数日的。婚后如有任何一方不满意，可以随时离异。一夫一妇相终始的，为数甚少。掸人民间的丧葬，简单平凡。他们对于人死了，认为是平常而自然，因为人人皆有死，把死者尸体抬到墓地埋葬起来，便算了事，没有清明扫墓一类的习俗，也没有墓碑一类的标识。不封不树，墓和地面是一样平平的。《礼曲礼》："古也墓而不坟。"他们的墓葬情形，和我国的古礼是不谋而合的。高僧、贵族和富户们死了，多数举行火化。丧葬仪式繁缛，墓亦封为坟。高僧墓上，且大都起塔，一切便都不平凡了。

景栋的侨胞，在抗战前，约不过四五十户，不足两百人。除极少数差可称为小康之外，大都仅可糊口。抗日战起，无不解囊捐输，支持抗战，贡献殊大。日寇南进，景栋侨胞多数避难至滇南边境的佛海、车里、南峤及澜沧等县。战后复员，避难回国侨胞，纷纷又回到景栋，重整旧业。抗战胜利后内战，由滇境避居景栋的国人激增，约一两万人。单单景栋城外大监狱附近的弄淬一地，便有由南峤县顶真乡逃居落户的傣泐人四百二十多户，二千余人了。侨居于景栋的新老华侨，与景栋本地人，均相处得非常融洽，如昆如季。尤其十二版纳及孟连一带的傣人，景栋的艮人，对之更见亲密。据传："其先有兄弟三人：一名岩坚崀，为孟艮土司；一为岩玉泐，为车里土司；一为岩仔琏，为孟连土司，所以孟艮、车里和孟连，永为兄弟之邦"云。

原载（南京）《新亚细亚》杂志，民国二十年（1931），
收录于《永昌府文征》（云南美术出版社 2001 年）
修订于《云南文献》，第五期（1975 年 12 月）

“泰”为自由人之说尚有异议

在云南的傣族，包括傣泐、傣妄、傣雅、傣绷以及沙人，均自称其族为ㄉㄞ（Dae）；缅甸的掸人及暹罗北部的永族，亦自称其族为ㄉㄞ（Dae）。ㄉㄞ（Dae），旧译作歹，今通作傣。暹罗人则自称其族为ㄊㄞ（Thai）。ㄊㄞ（Thai），汉译作泰。民国二十八年（1939），暹罗国务院长銮披汶倡大泰族主义，因改国号为泰（ThaiLand），于是泰族一名，遂为学者所普遍采用。国内之傣人、侬人、仡佬、土僚、仲家、壮人、沙人、黎人、洞家、水家、㑳僙、莫家等，同属洞泰族[1]，在云南的今通称傣族。傣，仍读为歹[2]。

明田汝成于嘉靖三十七年（1558）成书之《炎徼纪闻》之《蛮夷篇·苗人章》中所言“称其酋长曰茫，称人曰歹，自称亦曰歹”之苗人，应即指洞泰族中为数最多的壮族人，而非苗人。苗人自称曰麋（Mun）、曰萌（Hmung）、曰沐（Mu），无自称为歹者。[3]汝成官广西藩臬十余年，述所闻而为是书，将壮人之自称，

①见中央研究院民族学研究所编印之《中华民族之构成》，但壮人作僮人。

②傣音歹，见《中国少数民族新貌》（香港上海书局出版）185页。

③作者在滇南、寮北、泰北、缅东南访问苗族所得。日人鸟居龙藏之苗族调查报告中，苗人自称有Mun、Mon、Mu等，未发现苗人有自称为歹者。

误记入《苗人章》中，张冠李戴，在所难免。广西为泰族 / 壮人居住国内最多之一省，民国三十八年（1949）前之调查数约 660 余万，占全省人口总数（14636337 人）百分之四十五强。公元 1978 年之资料为 1100 多万人。[①] 公元 1982 年之资料为 13378162 人。[②] 为全国少数民族中最多之一族。若加上其他同属洞泰族群之仲家、洞家、傣人、黎人、水家、侬人、沙人等支之人数计算，将近二千万人。明时广西壮人之自称，可能即为歹，故《炎微记闻》有“自称亦曰歹”之记载，不过误入苗人章中耳。今则多自称布依[③]，与贵州仲家苗之自称相同。壮仲双声，一名异译。

民国二十年（1931），余在拙著《车里》一书中，释歹为自由，当时之根据，已不复记忆。法国汉学家兰番佛巴德里（Pinrre Lefeure Pontalis），在其所著《泰族侵入印度支那考》中谓：“泰字（Tai）写法，自暹罗人摆脱柬埔寨人桎梏之后，改作 Thai，其意欲昭告于众，谓其人乃自由人耳。”[④] 另一法国汉学家艾莫涅（Etinne Ay Monier），在其所著《古代暹罗考》亦曰：“泰之意义为自由人。”[⑤] 亦以自由为解。英人吴迪（W.A.R.Wood）著之《暹罗史》第一章《泰古代史

①据1981年《中国少数民族》四九五页所列之数字。

②据1982年10月30日《大公报》。

③亦有自称为布土、濮土、布侬、布崇、布曼、布衣、布陇者，见广西民族出版社出版的《壮族通史》9页。

④见全国闻译证70页。

⑤同上117页。

原》中，亦言“泰字之意，常作为自由解”[①]。凌纯声在其所著《中泰民族之关系》，亦言“泰则其自称，意即自由，泰人即自由人也”[②]。歹或泰之意义为自由，似已成了定论。但泰国枢密大臣他尼尼越亲王则持不同之说法。公元1958年10月10日，他在曼谷美侨协会演讲时指出：“泰国”这个国名，对泰国是不祥的。他主张仍改用“暹罗”。他说，“他一向都喜欢暹罗，因为这是传统的名字。”他解释称：“泰国”，是一个本国及外来合璧而成的名词（按：指Thailand一名而言）。他简直不知道这个名词的意义与界说（载1958年10月11日曼谷《中原日报》第五版，见后图剪报）。他尼尼越亲王是泰国的皇族，身为枢密大臣，不会不知道泰（Thai）之一字在泰文中的含义。[③]他说“泰国”（Thailand）这个国名对泰国是不祥的，国（Land）字说不上祥与不祥。言“泰国”这个国名，对泰国是不祥的，不啻说“泰”（Thai）这一个字不祥。是则法、英汉学家所谓“泰之意义为自由人”之说，尚不能作为定论也。

---

①见吴迪《暹罗史》（陈礼颂译）一三页。

②见《中泰文化论集》二页。

③佛历二五二五年（1983），泰国教育部为纪念曼谷建都二百年印行之泰文字典第四一〇页：Thai（泰）字下，有“人身有自由而无奴隶”之训。疑受法、英汉学家之说，然后补充者。

樞密大臣主張

用回暹羅國名

認泰國名字不祥

泰國樞密院大臣他尼尼越親王主張把「泰國」還國名再改成「暹羅」。親王昨天在美僑協會發表演講，指出「泰國」這個國名對泰國是不祥的。他說：他一向來都喜歡暹羅，因爲這是傳統的名字。他解釋稱；「泰國」是一個本國及外來合璧而成的名詞，他簡直不知道這個名詞的意義與界說。他是在美僑協會講述到泰國的歷史時，才談到這一回事的。（卅二）

原载《云南文献》，第十四期（1984.12）

滇印古道

民国二十三年（1934）冬，余游加尔各答，下榻于滇侨杨守其先生的寓所。守其先生见告：去年，其丽江同乡某君，由丽江至维西结伴出猎，裹粮逐兽，西向经行若干崇山峻岭，密林幽谷，十四日而至印度东北角之萨地雅（Sadiya）。所经林莽中，断断续续的有被蔓草掩没的石板五尺道，疑即汉武帝于元狩元年（122），因博望侯张骞之建议，令王然于、柏始昌、吕越人等十余辈，间出西南夷，指求身毒国。至滇，滇王尝羌，乃留为求道，岁余，皆闭昆明，莫能通的滇印古道。[1] 亦即唐贞观中，嶲州都督刘伯英上疏请击松外诸蛮，期能打通的西洱河天竺道[2]。

13 世纪初年，宋嘉定八年乙亥（1215），勐卯竜（Mong Maulung）[3] 王诏竜苏卡帕（Chao lung sukapha）率领一万大军，从勐卯竜经由胡康谷（Hukong）向坝凯（Pat-kai）前进时，征服了通往猛敦荪钪（Mong Dun sunkham）途中的若干部落，以查莱垭（Charaideo）为首都，然后在一山坡地段建车竜车钪城（Chelung

①见《史记》一百十六，《汉书》卷九十五《西南夷传》。

②见《唐书》卷二百二十二下《南蛮传》。

③今瑞丽县。

Chekham），成立阿洪（Ahom）王国。[1] 诏竜苏卡帕率领大军从滇西打到印度阿萨姆（Assam）所经，想即循古代由滇通往印度之故道。

①见Mrs. Yehom Buragohain "King Sukapha And His Journey To Assam: The Manusoript Evidence".

《瀛涯胜览》中之“上水”地位考

《瀛涯胜览·暹罗国》条①：“国之西北，去二百余里，有一市镇，名上水，可通云南后门。此处有番人五六百家②。诸色番货皆有卖者，红马厮肯的石，此处多有卖者，此石在红雅姑肩下，明净如石榴子一般。中国宝船到暹罗，亦用小船去做买卖。”

冯承钧《〈瀛涯胜览〉校注》本，对“上水”未有校注。

陈棠花“《瀛涯胜览》暹罗条注释”称：“国之西北，即指讵大城之西北。上水，伯希和谓：当非溯水而上，而系市镇之译名。但伯希和自谓对暹国古市镇不甚明了，不能证明其地。笔者为先查考其名称，然后以通云南道证之。北部的清迈（即景遇），为通云南后门之一地。其地产雅片，笔者尝见贩雅片者，记雅片来源曰上水，以代清迈，此殆指溯流而上之义。另一在大城西部可通云南后门地，即干差那武里，其地即产红马斯肯石（详下）处，此地可由三佛塔孔道至缅境，由至沿萨尔温河而入掸部

①商务印书馆1962年台一版冯承钧校注本21页。

②陈棠花编著《郑和通使暹罗考》附录：《瀛涯胜览》暹罗条注释本作二三百家。

出云南，此地有夜功河之二支流：一名槐艾，一名槐莱。即大支流与小支流之意。槐义为水，但音则非‘上’，且地在大城之西，当说不去。虽红马斯肯的石在干差那武里出产，但可携售于他地。另一地则为彭世洛，其地近素可太。彭世洛因位于昭披耶河近北部支流（即难河）与（容河）之间，故古代称彭世洛为上槐，上义为‘二’，槐义为‘水’，即二水汇流地也。由彭世洛至素可太，再至拉恒通暹北夜束入缅境，沿萨尔温河至于掸部入云南。若以清迈入云南最近，但其地多山，且此地为暹北部，非西北。干差那武里虽为红马斯肯石的出产地，亦暹西非西北。彭世洛则在暹北而稍西，其地古代名二水地，暹名二音上，故第一字可译音，第二字可译义，而得为‘上水’。”又称：“考暹古代通云南途道，由暹西即三佛塔道略如上述。《清迈志》一书记载：古代暹北，昌莱（位于清迈之东北暹极北边陲地）入古八百大甸而不能由北直趋，因阻于山岭，须先绕西行，入缅境，再绕东入昌敦而入车里（十二版纳），古代途道均如此。”

陈君以清迈“为暹北部，非西北”。谓：“彭世洛则在暹北而稍西，其地古代名二水地，暹名二音上，故第一字可译音，第二字可译义，而得为上水。”认为“上水”即彭世洛。根据现代暹罗地图，大城位东经一百度三十五分，彭世洛位东经一百度十五分，在大城北方偏西约七度。清迈位东经九十八度五十二分，在大城北方偏西约十九度。上水则在清迈府城东北九公里，位于大城北方偏西约十八度。清迈及上水，虽同为暹北地区，但较彭世洛均更为偏西，虽不正位于西北方，以北西略北之地位而曰国之西北，应说得过去，古人不会严格到必须偏西四十五度，方能称为西北方也。又陈君释二水地曰：“暹名二音上，故第一字可译音，第二字可译义，而得为上水。”但暹语“二”（Suang）音近“双”而不近“上”，未免牵强。同时彭世洛远居清迈之南微东437公里，距离云南后门甚远，更难圆其说。至谓“古代暹北昌莱入古八百大甸而不能由北直趋，因阻于山岭，须先绕西行，入缅境，再绕入昌敦，而入车里（十二版纳），古代途道均如此”。《清迈志》一书，未能获阅，是否如此记载，无从复按。

按“上水”（Sansai），位于清迈府城东北约九公里，湄滨河之东，渡河而西，即清迈府城。潮属侨胞译为“讪西”或“讪柿”，为清迈府属十九个县之一。余侨寓清迈多年，曾数度往游，滇侨书信往还，通作上水，口语或循暹语作“上腮”。暹罗铁、公路未通达暹北以前，滇南商旅，大都集中于上水做买卖，亦有远至大城或曼谷贸易者。暹北铁公路通至清迈以后，侨寓上水滇人，多数移入清迈府东城外王河街（Charoenprathes Road）一带。旧时十二版纳商人至上水做买卖者，通常由车里大勐龙出国，南行经缅属勐累（勐垒）、勐勇、勐白了，西南折经勐岭、勐戈、红勐、大其力而入暹北边境湄赛（潮侨译作嫩柿）。勐龙至湄赛，马程六日，约 191 公里，又南行二日至景海（旧景海土守备司，今通作昌莱或清莱），65 公里。民国十七年（1928）初，余曾就伴紫梗商马帮旅游至此，然后换车至曼谷。当时暹北公路已通至景海略北，湄赛一段正兴筑中。由景海西南行经湄岁、渊八宝、湄喀沾而至上水，约五日程，166 公里。或由景海南行经网攀，再西南折经渊八宝、湄喀沾、嶐沙吉（亦作黎色菊）而至上水，亦五日行程，约 168 公里。此两途，余侨寓清迈时，均曾踏勘，并无山岭阻碍，仅嶐沙吉至渊八宝段为山路，但山势不高，可以通行机车、吉普车或牛车。由滇南边境勐龙，经勐累、勐勇、勐白了、勐岭、湄赛、湄沾、景海、湄岁、渊八宝、湄喀沾、嶐沙吉而至上水，长 422 公里，马程十四日即可到达，路甚易行，无"由彭世洛至素可太，再至拉恒通暹北夜柬入缅境，沿萨尔温江至于掸邦入云南"，迂回曲折 1270 余公里，翻越道纳山脉，渡萨尔温江以及跋涉若干穷山恶水，耗时四十余日，方克到达滇边之必要也[①]。

佛海汉摆夷罕荣邦君言：彼于光绪初年，曾赶马

---

①由彭世洛西出素可太、达府、夜柬，途长224公里，由夜柬渡梅河（萨尔温江支流）入缅境马瓦底（Myawadi），然后北行经瑞冈、巴本至嶐崞（雷高），长约500公里。由嶐崞东微北折行经勐阪、勐屯、勐萨，东北折经勐柯而至景栋（昌敦），长约450公里。由景栋继续东北行经蛮打丙、勐麻而至云南又一后门打洛，约一百公里，共约1277公里，合2214营造里。较由勐龙经勐累、勐勇、勐岭、湄赛、清莱、湄岁、渊八宝、嶐沙吉一途至上水之422公里，合733营造里，要迂回曲折多跋涉了约853公里，合1480余营造里之遥。若由大城西走干差那武里，再西行入缅绕道，则途程更为遥远。棠花先生所言，似有差误。

至曼谷做买卖，即遵由勐龙出国，南行经勐累、勐勇、勐岭，进入暹境湄赛，复南行经景海、芭夭、勐坳、老关（南邦）、大城而至曼谷。罕君言：“那时暹罗还没有公路及铁路之建筑，由勐海到曼谷之交通工具，端赖骡马，约须四十日或四十余日之行程，方克到达。由勐海往返曼谷一转，动须跋涉三阅月。若仅至上水，则由景海转西南行经湄岁、渊八宝、湄喀沾、嵋沙吉等地前往，约两周即可抵达，往返途程，不过一月。”

《瀛涯务览》著者马欢，随郑和通使暹罗时，暹都大城。大城距上水约723公里[①]，合营造尺制1255里。冯承钧据《胜朝遗事》及《国朝典故》本，校改为“国之西北去二百余里”，疑“二”字上脱一“千”字，应改为“国之西北，去千二百余里”，庶与实际距离之里数差合也。

原载《云南文献》，第十八期（1988.12）

①暹罗普通地图附表：大城距清迈714公里，清迈至上水9公里，共723公里。《郑和通使暹罗》考：“清迈离大城过远，计609公里，等于近2千里。”距离之公里数及折算数，疑均有误。但大城至清迈之途径非一，若干地图附表之数字有937公里，886公里，714公里等之不同。今以最短之714公里计算（铁路线曼谷至大城72公里，大城至清迈线679公里，共751公里）。

避难于勐海的一位缅甸爱国高僧

这一位缅甸的爱国高僧，名珙瑧敏萨，自言为缅甸王子，一般人称之为缅甸和尚。身躯短小癯瘦，肤色栗褐，狭面广额而隆准，神全气足，两目尤炯炯摄人魂魄。于民国八年（1919），即缅甸被英灭亡后的第三十四年，以无数次的反英复国运动失败，且年事已高，乃辗转避难至勐海[①]，由勐海殷商张棠阶先生的缅甸太太，于其后院，别营一庵以居。其卧处满铺鹅卵石子，即以鹅卵石作卧榻。和尚除随身书籍、佛像、印信及袈裟一袭并一钵一杖而外，别无长物。无间寒暑，寝即和袈裟卧于鹅卵石上。不藉不被，不枕不帐。勐海冬令气温，有时降达冰点；而夏秋蚊蚋尤盛。有悯其或冒寒染虐致疾而布施以被褥枕帐者，和尚皆坚辞不受。言："不得复国，不覆被藉褥。"亦犹勾践卧薪尝胆之意。每日中食一次，过午不食，不病不药，数十年如一日。和尚精于巴利语文，佛学湛深，道行高洁，尤念念不忘其故国之规复。亦兼治英、日

①勐海时为普思治边行政第三区分局治所，民国十八年（1929）以其地改置佛海县，辖勐海、勐遮、勐板及勐景洛四勐。近改为勐海县、并将南峤、宁江裁并入之。

文字，为言：有亲族散居英、日两国，仍音间时通，共谋所以复国之道云。平日跏趺静坐，或讽诵佛经，或摩挲石子，卧榻之石，均摩挲得油润光泽，几可鉴人，间为人禳解治病，但咒而不药，往往有奇效。边地傣人，崇奉备至。近之者，以获亲手摸其脚掌，然后加手于自己之头顶为荣幸。尊称之为“诏翁”。徐为光任普洱道尹时，慕其名，舆迎至普洱道尹公署供养，礼之甚虔。其后，徐为光以思普区称兵独立，肇乱边疆，兵连祸结，生灵涂炭，珙琫敏萨乃辞归勐海。后于民国三十四年（1945）小历九月黑分初三日（乙酉六月十九日）圆寂，寿一百一十五岁，葬景买村外张棠阶先生之墓园。遗有锡质孔雀印一枚，圆形，径约二英寸，中镌孔雀开屏图，四围镌缅甸文，即缅王子印云[①]。再三年（西元1948年），缅甸方脱离英国之统治而获得独立，惜珙琫敏萨已不获亲见。和尚生前禁人为之拍照，无遗像留传。

张棠阶先生的缅甸太太见告：珙琫敏萨确系缅甸王子，其父王泐语称为“困糯慷孟董”。孟董似即缅王曼同之异译。按曼同于公元1853年继其兄浦甘曼为王，在位二十六年而卒，年六十四岁。其生年为公元1822年。民国十四年（1925），余晤珙琫敏萨于勐海时，承告其年为九十五岁，推得其生年为公元1830年，仅小于曼同八岁，不可能为曼同王之子。且曼同王之子女七十人，于曼同幼子锡袍继位后，已循缅王

①余曾拓印保存边地，当已付劫灰矣。

室恶例，概被屠杀。据外籍记载，曼同诸子中，仅让延、让乌二人，以逃入英国使馆获免。让延于英灭缅甸之前六个月即已亡故，和尚所言散居英、日者，不知是否有让乌在内，抑别有所指。和尚平素仇英，似亦不可能即为当日投庇于英使馆之一之让乌其人。疑和尚为曼同王之兄浦甘曼王之子，而非曼同王之子。否则其于民国十四年（1925）所告之年龄，至少当有十年左右之差误，而其寿数亦当减为一百零五岁左右，二者必有一误。但张棠阶先生的缅甸太太坚称其确有一百一十五岁。惜和尚生时，未及一详询之也。

原载《云南文献》第二期（1972.12）

寮国王室出自车里

寮国的古代历史传说中，都说寮族是由一个共同的祖先坤波隆（Khoun Borom）传衍下来的，而坤波隆乃是在中国的傣族地区的傣王室的后裔。[①]

坤波隆把他的王国分封给他的七个儿子治理。现在的寮国，古代称为南掌（Lan–Xang）。[②]这一个王国，就是坤波隆的长子坤罗（Khounlo）的封地。[③]其他六个儿子的名字和封地，传说不一。[④]

根据传说，寮国最初的名称是勐景东景通（Muong Xieng–Dong–Xieng–Thong），[⑤]继又改称勐要

①《寮华日报》特译寮国种族历史讲话（后简称讲话）中，坤波隆作坤宝龙。琼赛及西拉·维拉冯的《老挝史》作坤博隆，并附会为非泰族的南诏王皮逻阁。蔡文欉的“澜沧王国是老挝唯一的古国吗？”作管包伦。申旭的《老挝史》作布库伦，并言来自越南奠边府之孟天。

②《皇越地舆志》：“以地多产象，国号万象。”按：Lan之训为百万，Xang之训为象，意为百万象。音译有南掌、缆章、揽章、兰章及兰掌等。自清以来作南掌。近时学者，或以澜沧江经其境，改译为澜沧国。

③琼赛的《老挝史》译为坤洛，并比附为南诏王皮逻阁之子阁罗凤。申旭的《老挝史》作昆罗，辖勐骚，亦作孟骚（今琅勃拉邦）。按：老挝语作勐要（Muong Swa），不作勐骚（Muong Sao）。

④坤波隆七子，除长子坤罗外，其他六子的名字及封地、讲话不详。琼赛的《老挝史》列举四人的名字及封地。西拉·维拉冯及申旭的《老挝史》，均各列举有六人的名字及封地，但互异。

⑤亦作勐景东景铜，讲话作勐川东川塘。

(Muongswa), [1] 后来才称南掌。历代以来，都由寮王统治，直至公元 1893 年，成为法国的保护国，归法属印度支那政府管辖。1949 年，始脱离法国的管辖，获得独立。

坤罗和他的六个弟弟一样，他的王位，都由于他们各人的积功而后获致的。但他的六个弟弟的名字和封地，传说不一。至于坤波隆，据说：确是来自中国傣族地区的一位傣族王子。由下面坤波隆对他的儿子们的一篇训词，可以证明：

你们应遵照我的指示，前往占领别的国家，你们每一个人，应该组成一个相当大的王国，那是归你们所应得的。但是你们不能互相侵犯，各人有各人的领域，父业子承，世代相传。你们应该互相往来。你们谁个听我的话，谁有幸福与繁盛。谁个不听我的话，将有灾祸。尊重诚实，不可向别人挑衅，勿饮酒，勿抽烟，因为烟酒能麻醉你们的智慧。经常通知你们的人民，及时耕作。此种忠告，我传给你们，那是像你们的祖父在天朝（指中国）所传给我的一样。[2]

根据寮王室始祖坤波隆这篇训词，寮国王室出自中国傣族地区的一个傣王室，是无可质疑的了。但中

①讲话作勐沙。申旭《老挝史》作勐骚及孟骚。笔者在永珍时，曾询诸寮人，均言勐耍；其人自称曰耍老挝（Sua Lao–Joa）。老挝为其人之自称，耍为国名，意即耍国之老挝人。

②见讲话。

国傣族地区甚广，各自称王，[①] 而由各个朝代政府授予名誉职，如：总管、指挥、宣慰、宣抚及安抚等衔以羁縻的土长亦甚多。究竟是哪一个傣族地区的傣王室，惜坤波隆未加说明，也未说出其父王的名字以凭稽考。中国傣族地区傣族王室亦即土司家乘及其所辖土邦的史事中，提到分封到寮国（即勐老）为王的，现仅发现有 12 世纪末，立国于今西双版纳的泐国（Meengle），傣泐语曰勐泐。并且勐泐与勐老（Meeng Lao 即寮国）境土相接，彼此姻好。[②]

根据《泐史》，勐泐主叭真封其第三子匋铳冷 [③] 食采于勐老之记载，可以和坤波隆的训词，互相印证，坤波隆是由勐泐王室分封出去的，应无疑问。唯坤波隆的名字和匋铳冷的名字不相同，抑匋铳冷往食采于勐老之后，改称坤波隆？[④] 训词中也未说明其前往为主于寮国的年代。

据友人蔡文星编著的《暹语细究》第二章第一节说："泰族侵入真腊之国土后，于佛历一四〇〇年

①滇境傣族土司，对其臣民大都自称为"孤"；其臣民则尊称之为"诏"。车里宣慰使称诏片领，意为广大领土之王。"孤"及"诏"，即汉语之王及主。滇境土司之姓"刀"及"陶"者，即傣语"Dao"之译音字，其训为"王""君王"及"国王"。

②成书于明万历年间的《广志绎》曰："车里老挝姻好"。《泐史》下卷："小历九五六年（明万历二十二年，公元1594年）宣慰使刀应猛，嫁其女于南掌酋为妃。"

③亦作匋伊铳冷，见《泐史》上卷二页。《普洱府志》作依罕冷。

④傣族大都仅有名而无姓氏。其名且随时代更易，有幼年时代之名，为僧时代之名，还俗时代之名，有子女时代之名，为官则用官称而不名，亦即以官为氏。坤波隆，疑即匋铳冷往食采于勐老后之官称。坤之训为首领、头目、统治者。

（857），泰酋坤波隆建孟枋。”[1] 英人吴迪（W.A.R.Wood）《暹罗史》47 页说：“此人即婆罗门皇子（Prohm）是也。据称皇子乃景线皇室之子孙，建治于孟枋（Muang Fang），时当公元 857 年顷。”又 48 页说：“此外，与之同时之另一泰族国家，或系建立于孟骚（Muang Sao）者，即今之朗勃刺邦也[2]。”

从坤罗至法昂于公元 1353 年，被立为王这一段寮国史事，极为模糊，仅有三四位国王的名字，即法昂王的曾祖帕雅朗（Phaya Lang），祖父帕雅慷捧（Phaya Kham Phong），亦作帕雅苏挽纳慷捧（phaya souvanna kham phong），父刀斐法（Thao phifa）可考。若干记载，均认为法昂王之前，共有二十二位国王，一说有二十一位。[3]

勐泐主叭真封其第二子匋钪冷往食采于勐老之年

①民国三十七年（1948），曼谷亚细亚文化学会印行之《暹语细究》中，建孟枋之泰酋坤波隆，与寮国始祖坤波隆，名字完全相同。寮国始祖坤波隆，《寮史》明言来自中国傣族地区的傣王室，而中国傣族地区西双版纳的傣王室，亦有分封王子前往食采于寮国的记载，两相符合。建孟枋之泰酋坤波隆来自何地？与寮国始祖之坤波隆是一人还是二人？尚得作进一步考究也。

②公元1988年商务版吴迪《暹罗史》47页中所说，公元857年顷，建治于孟枋的婆罗门皇子，乃景线王之子孙。参照《暹语细究》第二章第一节，应即指于佛历一四〇〇年（公元857年），建孟枋之泰酋坤波隆。又《暹罗史》48页：“与之同时之另一泰族国家，或系建立于孟骚者，即今之朗勃刺邦也”。其人即坤波隆之子坤罗。根据坤波隆之训词，坤波隆并不是景线王室之子孙，也不如申旭《老挝史,115页中所言，其祖先来自越南奠边府之勐天，而是来自西双版纳。

③讲话中的化岸王即法昂；菲化化即法昂之父刀斐法；费堪丰即法昂之祖父帕雅慷捧；费澜即法昂曾祖帕雅朗，亦作帕雅法朗。帕雅朗以上则模糊不详。琼赛的《老挝史》七〇页，列有法昂之前二十一个国王的名单，兹从略。

代，据《泐史》，当在其建都于景兰（1190）之后，逝世（1192）之前，兹假定为一一九一年。《暹语细究》及吴迪之《暹罗史》，均著录坤波隆于公元八五七年建孟枋。同时另一泰族国家，或系建立于孟骚者，当指坤波隆之子坤罗，均远在匋钪冷受封食采于勐老之前三百三十余年，不能吻合。按 9 世纪之 60 年代，正值真腊吴哥王朝的极盛时期，其北境与南诏接壤，老挝地区一带，不可能有由泰族建立的国家勐要或孟骚出现。寮国种族历史讲话，可能循泰国古代史，由于受到早期西方汉学家，认为南诏是泰族建立的国家之说所误导，不免牵强附会，而将老挝在寮境建立国家的时期，上推三百多年，拿坤波隆来比附根本不是泰族的南诏王皮逻阁，拿坤罗来比附皮逻阁的儿子阁逻凤也。

南诏南的女王国在车里

车里县城西约十五市里之戛董，有一河曰湳戏，译言阴水。发源于戛董西北约二十余市里之贺勐。有两源：一源于贺勐之北；一源于贺勐之西北，汇流于贺勐之南，东南流至戛董，注入流沙河。土人相传，十二版纳，古为女人国。据泐文载籍称：远在宋淳熙七年（1180），叭真入主十二版纳，建立泐国以前的一段时间，十二版纳的居民，全属女人，王亦女王，没有男子。贺勐山中，忽有岩石突出如阳物，于是十二版纳的女子，遂群就石阳交接（一传与神犬交，故傣泐族禁止杀犬），其后乃有男子。淫水下游，汇而成河，乃名湳戏。土人有歌曰："卤卤花，父石阳"，即歌咏此故事云。

《蛮书》卷十："女王国去蛮界镇南节度三十余日程，其国去骦州一十日程，往往与驩州百姓交易。"唐崔致远《补安南录异图记》："安南之为府也，巡属一十二郡，羁縻五十八州……陆之西北，则接女国乌蛮之路"。《新唐书·南诏传》："蒙舍诏在诸部南，故称南诏。居永昌、姚州之间，铁桥之南。东距爨，南属交趾，西摩伽陀，西北与吐蕃接，南女王。"法人马司帛洛在《宋初越南半岛诸国考》中，考订南诏盛时之南境为威远赕南界诸山，认为应求其地于普洱或思茅两地之中。但据《天下郡国利病书》："兀良合台伐交趾，经车里，降之。至元中，置总管府，领六甸。其地东至落恐蛮，南至波勒蛮，西至八百媳妇，北至元江府，西北通孟连。由镇沅南行二日入其界，又二日至普洱，又六日至九龙江外之宣慰司。"则蛮镇南与女国交界之山，在普洱与镇沅之间，即普洱北上二日行程，镇沅南下二日行程之地，约当北回归线一带，而不在普洱与思茅之间。威远境外则为十二版纳，而十二版纳适位于南诏之直南，安南府之西北。《蛮书》及《新唐书》所载南诏南之女王国及《补安南录异图记》所载安南府西北之女国，当指十二版纳为无疑。是则其先为女人国之说为不虚矣。

古代的十二版纳，曾有过辉煌的成就，惜自明季以来，不断遭受缅甸、木邦、八百及暹罗的侵扰，焚杀虏掠，残破不堪，迄至民国，式微未复。泐文载籍，颇多散失，详尽之记载，一时未能获得。《泐史》始于宋淳熙七年（1180），淳熙七年以前的文献，多不记年，唐咸通四年（863），樊绰在《蛮书》卷十谓："水真腊国，陆真腊国，与蛮镇南相接。"彼时或较前之十二版纳，或曾被毁于真腊，极多数男儿转死征战，残余男性，被俘一空，造成男性极度缺乏之现象，因而产生若干不近情之传说，唯女王国去蛮界镇南节度三十余日程一节，向达在《蛮书校注》中，考证镇南节度是今之景东，核以今日车里至景东之途程，不过十八九日，与三十余日程，差距十余日。古代车里至景东之交通路径，可能和今日不尽相同。今车里至思茅捷径中之四十八道河一带，向为象、犀、虎、豹聚集之渊薮。

民国十二年（1923）冬，余由思茅前往车里，行至关坪与四十八道河之间，通路被野象粪便所掩蔽，粪堆七八寸，下脚不得。同时沿途两旁大树，也被野象拉倒，群食其叶，大树枝干，壅塞通道，无法通过。花费许多时间，踩山钻行密林丛莽绕行而过。翌年春，附近猎户，在该地猎获幼犀二条，得犀角二，售予在小勐养经商之潘作民君，潘君以一角相赠，始知四十八道河一带，除野象外，并有犀牛生存其间，但嗣后即不再闻有犀牛在其地出现。至于野象群，则至今犹不时有旅人相遇也。古代象、犀、虎、豹，想必甚夥，故行旅大都别途以避。或由车里西北行至勐往，再东北折经六顺而至思茅，或东行至易武，再西北折经倚邦、勐旺、黄草坝而至思茅，然后由思茅至普洱府。所以清《文献通考》卷二百八十九舆地二十一，有“车里宣慰司在府南七百四十五里”之记载。较近今捷径之四百四十里，计增五六日之行程三百零五里。今由普洱至景东之捷径为六百二十里，约十至十一日程，在南诏时期，普洱、景谷间；景谷、镇沅间；镇沅、景东间，亦可能有象、犀、虎、豹，密林丛莽为阻，须绕道增五六日或六七日不等之情形，合计所增日数，便与三十余日程为接近也。

古时车里疆域，远较现境为广阔，东与交阯接界，且传统治过交趾；[①] 南至波勒蛮界，[②] 西至南孔 [③] 与八百媳妇接界。与交趾接壤及统治交阯时，去驩州自近。《蛮书》著录一十日程，大致不差。唯自明万历间，车里宣慰使嫁其女于南掌王，以勐约、勐奔等地陪嫁，为其女之妆奁邑后，仅勐乌尚与越南毗连。《泐史》下卷“关隘守卫章”载称：“勐乌与交趾交界，逻阁坳带兵一百名……驻守于邦堆隘”。清光绪二十一年（1895）七月十九日，将勐乌、乌得割属法领越南后，车里十二版纳与交趾才完全隔绝，距离驩州不止一十日程矣。

柬埔寨在1世纪时代[④]，八百媳妇在7世纪及16世纪时代[⑤]，南掌在15世纪时代[⑥]，均曾出现过女王，但与9世纪《蛮书》写成时代之女王国显有不同。向达氏疑古之女王国，为后来之八百媳妇国，但八百媳妇北阻十二版纳，并未与镇南蛮相连接；东隔南掌，去驩州

①《泐史》上卷一页。

②波勒，疑为今泰北帕府（Phrae），《庸那迦纪年》作帕列城（原注称：即帕城，按即帕府），泐语勐别。

③即萨尔温江亦即怒江。当时江东属车里，江西属八百媳妇。

④柬埔寨，应即《后汉书》卷八十六，肃宗元和元年（84）献生犀白雉之究不事，三国时称扶南。在1世纪的下半叶，为女王柳叶（亦作叶柳）当政。混填（亦作混溃）入浸，降为混填妻室，遂结束女王之统治，进入混填王朝。

⑤八百媳妇国，都于哈里奔猜时的章黛维女王，是在7世纪之663年至669年时代。都于清迈时的拉查黛维（亦作维素蒂黛维）女王，是在16世纪之1564至1578年时代。

⑥南掌之娇玟芬女王，是在15世纪之1440年代，均不在8世纪中，樊绰在《蛮书》卷十所言之时代。

之路程遥远，均有不合。

此外，我国史乘中，尚有《梁书·东夷传》《南史·扶桑国传》所载，扶桑沙门慧深所言：在扶桑东千里之女国。《后汉书》北沃沮人言：海东有女国，无男人，或传其国有神井，窥之辄生子之女国；及《三才图会》所载：在东南海上，无男，照井而生子之女人国；以及《梁四公记》杰公所说：在中国西北之女国。[1] 据近人考证：慧深所言在扶桑东千里之女国，"二三月竞入水则妊娠。六七月产子"之说观之，认为须离去人类学及人种学而进入动物学中。盖有海狗之属，如膃肭兽（一名海狮），亦专以海带为食，亦即慧深所说，食咸草如禽兽者也。《通考卷》三二七《沃沮》条："王颀别遣追讨官尽其东界，问其耆老，海东复有人不？耆老言：有一国亦在海中，纯女无男。"《后汉书》及《三才图会》所言之女国及女人国，均有窥井生子之说，似指同一地点。而其地应为公元701年，曾发生最大一次火山爆裂之岛原半岛之温泉岳，亦即《隋书·东夷传》所载，其石无故火起接天之阿苏山；或为妇女置履海边，履踵向海，设有航海人着履者，即为此履妇女之夫之故事产生之八丈岛。至慧深所言在扶桑东千里之女国，其地若不在罗处和岛，即在千岛偏南之一岛。唯所谓女人，均认为身体丰肥光滑如脂，头小腋翅等节，明系海狗之类而非人。杰公所说在中国西北之女国，其说多神话，当时朝臣皆认为是邹衍

①《古今图书集成边裔典》第四十一卷第二十二册之二三页。

九州，王嘉拾遗之谈。

南诏南之女王国及《补安南录异图记》所言，安南西北之女国，则与十二版纳泐文载籍所志相符合。再则用以制药箭的弩箭药树，车里澜沧江两岸随在皆有，取其浆涂箭镞，中人必死。当地人，大都用以装置地弩，射杀虎豹。有警，则用以御敌。《蛮书》所言“蛮贼曾将二万人伐其国，被女王药箭射之，十不存一，蛮贼乃回”之药箭即此。亦足以为佐证。“卤卤花，父石阳”，虽故神其说，然亦不无可以推原之处。而其地则非车里十二版纳莫属也。

刀、衎、俸、多四姓寻源

明兵部尚书王骥三征麓川之事功，滇西一带，至今犹流传不衰。据传王骥三征麓川之后，以边人累叛，特赐降夷以刀、砍、斧、剁四姓以厌之。后夷人读《汉书》，除刀氏未改外，砍氏改为衎氏或罕氏；斧氏改为奉氏或俸氏；剁氏改为多氏云。今滇西干崖、南甸、盏达、孟连等宣抚使均仍刀姓；勐卯安抚使为衎姓；耿马宣抚使、孟定土知府、勐角董土千总及划属缅甸之木邦宣慰使，均为罕姓；旧大侯州土知州及勐缅长官司长官均奉姓；大勐麻土巡检为俸姓①；陇川宣抚使，遮放宣抚副使，均为多姓。

明杨慎《希姓录》曰："怕，南中夷姓，王骥征麓川，赐降夷三姓曰：怕、刀、剁"。于刀氏曰："王骥平麓川，赐夷人以怕、刀、剁三姓。后染华风，改为刁氏"。《姓氏考略》："云南夷亦有多姓，系剁氏改"。今滇西所传有关刀、衎（或罕）、俸（或奉）、多四姓，赐自王骥而有所更改之说，盖出于《希姓录》，从而又有所损益也。清曹树翘《滇南杂志》曰："夷酋姓曰刀、曰罕、曰曩者居多。闻明初平诸蛮，以其反复，赐以

①按勐麻原亦奉姓，观《明史·云南土司传》：勐麻奉恭与大侯奉先争杀之记载可知。清刘靖《顺宁杂著》曰：顺宁属向有三土司：一为大侯州土知州，一为勐缅宣慰司，一为勐麻土巡检，皆奉姓也。

刀、曩、斧、砍四姓。今砍作罕或衎，斧姓无传”。与近今滇西所流传者，又略有不同。

《明史》卷三百十四《麓川传》：洪武十七年（1384）八月，“伦发遣刀令孟献方物”。王骥征麓川始于正统六年（1441），后于刀令孟献方物五十七年。在王骥征麓川以前，滇西南土官蛮长以刀、曩、罕、奉及多为姓之见于史志者，随在皆是。即以明初而论，见于《明史·云南土司传》者：洪武十五年（1382），有车里蛮长刀坎，镇沅土官刀平。洪武十七年（1384），有麓川贡使刀令孟。洪武二十四年（1391），有八百土官刀板冕。建文四年（1402），有威远知州刀算党，孟定土酋刀名扛，知府刀浑立，木邦知府罕的法。永乐元年（1403），有勐养知府刀木旦，老挝土官刀线歹，湾甸知州刀景发。永乐三年（1405），有孟艮知府刀哀，干崖长官曩欢。永乐四年（1406），有孟连长官刀派送。永乐六年（1408），有里麻长官刀思放。永乐七年（1409），有镇康知州曩光。永乐九年（1411），有瓦甸土官刀怕赖，潞江长官曩璧。永乐十八年（1420），有者乐甸长官刀谈。宣德五年（1430），大侯州土舍有奉赦及奉学。宣德六年（1431），有孟定知府罕颜法。宣德八年（1433），新化州有刀瓮及刀眷。正统二年（1437），有南甸知州刀贡罕。见于其他志乘者：有洪武十七年（1384）归附之麓川平缅多歪闷等。不胜枚举。

其实，滇边土司以怕、刀、罕、多为姓之见于史志者，尚可上推至明以前。《元史》卷二十九《泰定帝本纪一》："泰定元年（1324）冬十月己巳，云南车里蛮为寇，遣斡耳朵奉诏招谕之，其酋塞赛[①]子尼而雁，构木子刁零出降）。刁零即刀零[②]。"刀姓见于史志，先于王骥始征麓川凡一百一十七年，《新元史》卷二百四十八《车里传》："延祐三年（1316），罕旺及其弟胡念弟爱俄等，侵银沙罗甸、兀里盐井、陪日（《招捕总录》作部日）、女具、落索等甸，取官所，征差发。既而爱俄死，其兄弟子侄罕塞、昭爱、剌构、木力、梦兀仲等五人[③]，分党争爱俄位，相杀久之"之罕旺及罕塞，先于王骥始征麓川凡一百二十五年。又《乌撒乌蒙东川芒部传》："大德五年（1301），车里白衣八里日等，杀掠普腾、江尾二甸。"白衣即摆夷，八里日即叭里日。八即叭，亦即怕之异译，先于王骥始

①《元史·顺帝纪》《新元史·泰定帝纪》及《云南溪洞诸蛮传》以及《招捕总录》，均作寒赛，塞字刊误，应以寒为正。寒即罕，衎、钪之异译。

②《元史顺帝》及《新元史·云南溪洞诸蛮传》以及《招捕总录》等，均作刀零。以傣泐文对勘，当以刀为正。旧时治边裔史者，似未及探讨边疆民族之语文，以刀姓罕觏。臆改为刁。且今亦不乏其例。其实滇境傣族土司，无姓刁者。由傣文Daur音译之刀字，含有领袖、首长、王、国王及头目等义，为任土司者所乐于接受。刁则无此类含义也。

③古代书籍，向甚少断句，标点更谈不上。遇有四五个非汉族人名连串在一起，便不易分别开来，如"其兄弟子侄罕塞昭爱剌构木力梦兀仲等五人"一句，《新元史·车里传》此段，当引自《招捕总录》。依据《招捕总录》卷首序文"……个忙尼雁、莽占居些，谷纳剌构、阿葵胡弄……若大希婆、若梦兀仲、若浑乞滥……"等来分，则剌构为一人，梦兀仲为一人。剌构与梦兀仲之间的木力为一人，其上罕塞、昭爱为二人，共五人。但紧接序文后之云南段最末两句曰："车里寒赛（即罕塞）子尼雁（即尼雁）构木（即构木）子刀零出降。"则构木为一人，而剌字上属。此五人之名，变为罕塞、昭爱剌，构木、力、梦兀仲等。对古籍之断句，亦不易易也。

征麓川凡一百四十年。多姓尤早，今陇川宣抚使多永安，其先多线瓜，于宋理宗景定间（元中统初，约当公元1260至1261年）附于元，元以为宣抚使，先于王骥始征麓川凡一百八十年。曩、奉两姓，亦均出现于王骥始征麓川之前。

麓川一带，古代当为傣𡛟部族聚居之重要地区。吾人由滇境土司自元以来半汉化之姓名中，不难推知其土司之族属。怕、刀、罕（或衎）、奉（或俸）、多各姓土司，应均属于傣人之部族。因为在傣人语文中，对怕、刀、罕、奉、多五姓，均不难求得其适当之解释，以及其演变为姓氏之根源；而在其他部族语言中，则不得其解释也。

怕姓：现滇境土司中，虽已不见有以怕为姓者，但仍不难于今昔若干土司之半汉化姓名中，得其痕迹。如干崖宣抚副使中，以怕为名者，《明史》有刀怕便、刀怕落、刀怕举等；车里宣慰使中，有明永乐十一年（1413），被推署司事之刀怕汉；孟连土司中，以派入名者，《明史》有刀派送、刀派罕、刀派乐；《清史》有刀派鼎、刀派春、刀派新；民国有刀派鸿等。派亦即怕之异译。滇南十二版纳，清、民以来，通常译用叭字，叭别读为pea。如勐阿土把总叭占，勐龙土把总叭先等。元时译用八字。《明史·老挝传》中作怕雅，有怕雅赛、怕雅兰章等，亦即旅泰侨胞所译丕耶或披耶（Praya）二字之合音，为一种爵位之名称，约等于我国古代之伯爵（十二版纳）或侯爵（泰国），亦作官称。怕或派或叭或八，可以说是以爵为氏，以官为氏。

刀姓：傣泐语谓领袖、首长、头目曰“Daur”，汉译作刀或陶[①]。此训为首长头目之“Daur”，大都冠于爵位官称之前，遂演化而为刀姓或陶姓。刀派、刀怕，即“Daur、Pea”之译音、地位较叭为尊，亦为以官为氏。

罕姓及衎姓：傣族喜以金银珠宝等为名。土司衙门，亦喜加一金字，而称为“货钪”（Huo-Gham）。货训衙门或宫殿，钪训为金，意为金殿。勐卯土司衎氏之“衎”，疑即源自傣族语之“钪”（Gham）一语词。钪、罕、衎及寒，一音之转，盖以五行为氏，以宝为氏。勐卯土司衎氏，旧报为南京人，据《续云南通志稿卷》九十八，勐卯安抚司条记载其世系称：“一世思化，猛密头目，授蛮暮宣抚司。二世思正，与缅相抗，为缅破杀。时思正弟年七岁，舍目负逃腾越，沐国公取养，七年，改姓名衎忠，仍袭前职。以蛮暮为缅所踞，安插于猛卯”，据此，则“衎”氏来自勐密，南京乃依托也。

奉姓或俸姓：大侯州土知州及勐缅长官司长官奉氏，大勐麻土巡检俸氏之奉或俸，傣语，均读为“Feeng”。其训为茂盛，繁荣及发展，意取吉祥，盖以吉祥为氏。

多姓：滇南之车里宣慰使，其人民尊称之曰嵩烈叭宾诏。滇西及缅境方面之傣族土司，其人民则尊称之

① 《招捕总录》及《新元史·云南溪洞诸蛮传》：“车里陶剌孟”，亦即车里刀剌孟之异译。今建水阿邦土司及景东保甸土司均陶姓，汉傣人。

曰剁宾诏。嵩烈译言至尊，叭之训已见前，剁之义与刀同，或即为一音之转，其训为国王、领袖首长及头目，亦含有至尊之义。演化为姓氏之初，译者即译用多字，如宋末元初之多线瓜。其后译人，或为对音正确起见，借用剁字，终以剁字不雅训，不为土司家庭所乐用，改回为多，盖以官为氏也。又傣语谓狮曰星多。狮为百兽之王，陇川、遮放两土司以多为氏，干崖宣抚使刀威伯（承钺）言即取狮为百兽王之意，表示威慑百蛮，威尊无上云云。按傣文星多二字，一半系外来语，星即外来语狮之音译。星加坡之星，亦训为狮，言星即不啻言狮。可以单用，其义不变。多之训为大为巨，并无狮字之义。单言多，不知其言狮也。亦犹汉文大狮二字：单言狮，则狮之概念已经完备；单言大或巨，则并无狮之概念，不能代表狮子。因大字或巨字，并无狮字之含义也。说者以多氏取自狮为百兽王之说，殊慊牵强，仍应以源自其训为国王、领袖首长之剁为顺。且宋元之际之多线瓜，一开始即译用多字。继或译为剁，至有不近情之附会，而又改回为多。

总查，怕、刀、罕、衎、奉、俸及多各姓，均音译自傣语。或以爵为氏，或以官为氏，或以五行、宝贝、吉祥为氏，且均出现在王骥征麓川以前。《希姓录》及《滇南杂志》所言，以及滇西民间普遍之所传说，皆附会不经，不足采信。

各主要部族移民十二版纳之先后

十二版纳几个主要部族聚居地区之海拔高度，有显然的不同。就实际调查所得，以苗、傜两部族聚居的地区为最高，阿卡、攸乐，倮黑等部族聚居的地区次之，蒲蛮部族聚居的地区又次之，而以傣泐部族聚居的地区最为低下。

蒲蛮传说：五千年前，其始祖法空弄哦即定居是邦。据傣泐文文献载称：其始祖叭真于小历五四二年庚子，即宋淳熙七年（1180），始入主勐泐（即十二版纳）。并言其政权得自阿卡部族之手，来自车里东北方之贵州（宋之贵州怀泽郡，今广西贵县）之勐泐竜，故名车里——十二版纳曰勐泐，以志不忘所自。吾人根据各部族聚居地区的高低，蒲蛮族的传说及傣泐文文献的记载，略得如次之推断：

一、傣泐部族应为最后进入者，击败南诏在十二版纳之统治，尽驱南诏遗民于崇山峻岭之间，建立一个以傣泐部族为主体的政权以迄设流。所有十二版纳肥沃之河谷平原，水田丰富区域，遂均为傣泐部族所据有及使用。

二、略高于河谷平原的丘陵地带，低矮山区，则为蒲蛮部族所居住及使用。蒲蛮当如其所传说，为最先之住民。南诏崛起后，属于南诏族系的阿卡部族，遂入据十二版纳。真腊遗民的蒲蛮，因真腊世衰，被迫退居于丘陵地带及低矮山区，将水田丰富而肥沃的河谷平原，让予阿卡。

三、傣泐部族，由其民族领袖叭真领导，击败南诏族系之阿卡部族在十二版纳的统治，尽据水田丰富而肥沃的河谷平原，其丘陵地带及低矮山区，则已被蒲蛮部族所占用，垦殖在先。南诏族系之阿卡、攸乐等部族，被击败之后，不得不退居高山地区，以垦殖畲地为生。

四、苗傜部族最后移入，水田丰富而肥沃之河谷平原，全为统治阶级之傣泐部族所占用，自不待言。略高于平原之丘陵地带暨低矮山区，又为蒲蛮部族占用在先，即高山地区，亦被阿卡、攸乐、倮黑等部族所垦殖，乃不得不卜居于海拔最高而苦寒的崇山峻岭。因而形成苗、傜部族居地最高，阿卡，攸乐、倮黑等部族居地次之，蒲蛮部族居地又次之，而以傣泐部族聚居的地区最为低下之不同之层次。

傣泐语称河谷平原之盆地为坝，汉人通称为坝子。十二版纳大小坝子四十余，其海拔高度，有高达 1340 公尺者，如六顺县之龙塘坝（六顺土把总司治所在），有低至 500 公尺者，如车里县之橄榄坝（橄榄坝土把总司治所在）。原居之傣泐部族，其居地之高低，每随所居之河谷平原之海拔高低之不同而互异。有居于海拔 1340 公尺高的河谷平原者，也有居于海拔 500 公尺或更低之河谷平原者。南峤县治所在之勐遮坝子（海拔 1283 公尺）当中之景峤山顶，海拔 1378 公尺，亦为傣族所聚居，此当为十二版纳傣泐部族聚居地之最高者，德人克勒纳教授（Dr.Phil Wilhelm Credner），认为云南境内之泰族（即傣族），皆居于海拔不逾八百公尺的热带性气候之深谷中，此乃未广为实地踏勘考察之故。居住于每一个坝子四周丘陵及山岳地带的各山居部族，其所居之高度，亦因各个坝子的海拔高度之不同而有很大之差距。吾人以每一河谷平原及其四周之丘陵以及山岳地带为一单元来观察，傣泐部族始终是聚居在最低下之地区；依次而上为蒲蛮及卡摩部族，居于 850 公尺至 1350 公尺之丘陵及低矮山地；再上为攸乐，居于 1300 公尺至 1500 公尺之山地；倮黑及阿卡部族，居于 1350 公尺至 1973 公尺之高山地区；最高为苗、傜两部族，大都居于 1500 公尺至 2000 公尺上下之高寒山地。

原载《云南文献》，第六期（1976.12）

和族与云南人

滇南之傣泐，缅甸之掸，泰北及寮北之佬等族人，通常称滇省曰“勐和”，时亦指称中国。呼云南人曰“昆和”，泰国人亦循此称谓，唯观念上则与傣泐之出于尊称者不同。旅泰侨胞通译作“荷”。按“和”，傣泐文中别训为“大”或“天”，乃昔时傣泐部族，用以尊称南诏者。而别称汉人曰“昆金”（泰国、寮国及柬埔寨亦均称汉人为“金”）。徐松石在其所著《泰族僮族粤族考》中，引《华阳国志》曰：“晋时西南夷称中国为晋 CHIN”。傣、掸及佬等族之文化，渊源于印度佛教，受印度佛教文化之影响最深。“金”虽与“晋”同音，但遍查《中华聚珍仿宋版华阳国志》，未著此语，不详徐氏所据版本。按“金”之一名，应以源自印度古诗《摩诃婆罗多》称中国为支那之转译，而随佛教东来为近。又滇西一带之傣妟，称汉人曰“伽”CHYE，称中国曰“勐伽”，与滇南傣泐之称呼不同。明示南诏人与汉人有别。南诏王蒙氏，乃乌蛮之别种，今之罗罗、黎苏、窝泥、阿卡、倮黑、攸乐等，皆其族类。但傣泐文典籍中，又别称窝泥、阿卡为“戈”，倮黑为“母舍”，攸乐为“罗”。“和”似专指南诏王族言。滇西和姓，不知是否即南诏王族之后裔；抑尧时和仲、和叔、楚卞和或后魏素和氏之后，惜未能得其族谱一探讨其究竟也。

唐玄宗时，南诏主皮逻阁以破洱河蛮功，策授云南王。翌年，即开元二十七年（741），建都于今大理县之太和城（今为太和村）。彼时傣泐族人，因而称太和城曰“永和”或“景和”，进而称南诏国曰“勐和”，称南诏国人曰“昆和”，乃极其自然之事。“和”之得名，当原于此。至于河蛮之“河”，虽与“和”为同音，但河蛮部族小弱，初被逐于南诏，北附浪穹诏；浪穹诏破败，复被徙于柘东，不足以为代表，傣泐部族不致尊称其为代表“大”或“天”之“和”也。

南诏子民，据《蛮书》所载：有西爨白蛮、东爨乌蛮、独锦蛮、弄栋蛮、青蛉蛮、裳人、长裈蛮、河蛮、施蛮、顺蛮、磨蛮、磨些蛮、扑子蛮、寻传蛮、裸形蛮、望苴子蛮、望蛮、黑齿蛮、金齿蛮、银齿蛮、绣脚蛮、绣面蛮、穿鼻蛮、长鬃蛮、栋峰蛮、茫蛮、栗粟两姓蛮、雷蛮、梦蛮、丰巴蛮、崇魔蛮、桃花人多种，虽亦同为南诏国人“昆和”，但泐文典籍，对这些部族，多数都另有专名。是“和”之一名，应即指南诏王族为无疑。今傣泐、掸及佬等族人，泛指滇之汉人为“和”，盖滇自庄蹻以兵威定属楚，继而以其众王滇以来，无代不有兵争，即无代不有上万以至数十万之中土人士，由士宦商贾，或从军流戍，移殖滇境。元灭大理，以逮明、清，均大用兵于云南，更有大规模之移殖。清初复厉行改流，于是原有土著，迅速濡染涵化为齐民。近今各县城市及重要乡镇居民，也无法辨别汉土，亦不易辨别谁为南诏王族遗裔。所以傣人、掸及佬等族人，遂统以“和”称云南人，但与傣人古籍之所志，则有出入也。

原载《云南文献》五期（1974.12）

注：①㚢字，见镇安译语，亦作垐，读作Nhe，上也，高也，北方也。滇西傣人，居车里之北，傣泐人因以傣㚢称之。傣㚢亦作傣那，但那字读音多，无上、高、北等义，借用㚢字，音义兼切。

车里命名新考

车里一名，始见于《史记·秦始皇本纪》：“毕公享国三十六年，葬车里北。”又“惠公享国十年，葬车里康景”。但此两公葬地之车里，应不离雍境，与滇南之车里，悬隔太远，当非一地。至于滇南之车里一名，则始见于元人之《招捕总录》[①]。凡十三见。除“泰定二年，开南州阿都剌火头大阿哀引车理陶剌孟等万余人围剌砦[②]，攻破十四处”一条作车理外，余均作车里。

《元史·世祖纪》作阇力；成宗、武宗、仁宗“纪”及《地理志》均作彻里；仁宗皇庆六年（1319）作阇里；《泰定帝纪》及《顺帝纪》则作车里；《步鲁合荅传》作车厘。

《新元史·成宗纪》及《地理志》均作彻里；仁宗、泰定帝、惠宗“纪”及《车里传》则均作车里；《步鲁合荅传》作车釐。车，亦作彻，或作阇；里，亦作理，或作力，抑作厘及釐，所谓译音无正字也。明、清以来著作，大都作车里。

五十余年前，因车里一名在傣泐文中，找不到适

①据清金山钱熙祚锡之校“守山阁丛书”本。

②《元史》卷二十九《泰定帝本纪》：剌砦作朵剌，丛书本脱一朵字。

当之诠释，询诸傣泐人士，亦不得其解，而《元史》蒙古人及色目人中，则不乏以彻里、阇里及车里为名者。《元史·步鲁合荅传》："至元二年（1265），车里（步鲁合荅之父）以老疾不任事，诸王阿只吉命步鲁合荅代领其军……二十一年（1284），又从征八百媳妇国至车厘，车厘者，其酋长所居也，诸王阔阔命步鲁合荅将游骑三百往招之降，不听，进兵攻之，都镇抚侯正死焉。步鲁合荅毁其北门木，遂入其寨，其地悉平"。于是遂以车里一名，应为纪念对其地有直接或间接战攻的蒙古人或色目人而得名。步鲁合荅将游骑三百而下车里，为其父留一永久纪念，因而名十二版纳为车里，不无可能。同时车里一词，在蒙古语中有解释，其义为凝固或坚固，因而写成《车里命名考》，载民国三十一年（1942）在重庆发行之《边疆通讯》三卷五期，然未敢为确论也。其后多年，反复研读《步鲁合荅传》："又从征八百媳妇国至车厘，车厘者，其酋长所居也"数语，似乎车里一名，在蒙元游骑未侵入前，即已存在，也没有以步鲁合荅之父名为名之记录，所以修《元史》之人，特写作车厘以为别，避免和步鲁合荅之父名相混，显然车里一名和步鲁合荅之父名无涉。

近承一位澳洲学者 Dr.Geoff Wade 惠寄阿萨姆历史暨古物研究系 Mrs.Ye Hom Buragohain 所著《苏卡帕国王和他的阿萨姆之旅手稿》的证据一文载称："诏竜苏

卡帕（Chao Lung Sukapha）[1]，是位于阿萨姆（Assam）布拉马普特拉（Brahmaputra）山谷之阿洪（Ahom）王国，即勐敦苏钪（Mong Dun Sunkham）和阿洪王朝的创始者。他原是勐卯竜（Mongmaolung）的国王，宋宁宗嘉定八年（1215）乙亥，离开卯竜向阿萨姆发展，征服一些地方部落，然后以查莱埵（Charaideo）为首都，在一个山坡地带建立了车竜车钪（Che Lung Che Kham）城，在此统治勐敦苏钪十六年而去世”。注言：“车之意义为城；竜之意义为大；钪之意义为金”。车竜车钪即伟大的金城之意，依阿洪傣语之解释，则车里一名，可译为美丽之城，或平安之城，亦可译为长安之城[2]。

原载（沈阳）《中国地名》，第四期（1996.7）

①诏竜苏卡帕原为滇西勐卯竜王，他即位为王的那年，从他父亲的国度勐卡勐雅，带走了所有士兵和追随者，带了三千个铜锅，每个锅子，足够三个人食用。还带了两头大象，三百匹马（一作三千匹），他征服了沿途的一些地方部落，在查莱埵建立首都，成立阿洪王国。傣阿洪语即滇西古代的傣妾语。车里一名，在傣泐语中无解，而在阿洪语中有解释。小历六三七年（宋恭帝德祐元年，公元1275年），由车里出嗣于滇西勐啡为主的第五世勐泐主刀两竜的次子伊拉偲，曾由勐啡统率勐卯竜的兵众来攻夺车里，不胜而退。后因第六世勐泐主即其兄刀补瓦身故无嗣，车里官民又将伊拉偲迎回，继其兄为第七世勐泐主。古代勐泐和勐卯竜关系密切，车里一名，当出自傣妾语，亦即勐卯竜语，而非蒙古语。

②《辞源》：“凡天子所都，亦称长安。李白金陵诗‘晋朝南渡日，此地旧长安。’是也”。昔勐泐主定都景洪，或亦有长安之想；因有车里之名。而诏片领之尊称，亦隐有天子之义。

勐些及勐些竜得名之由来

在傣泐古文献中，大理的洱海，被称为浒些，泐文作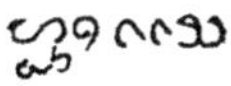（Hnong，Sae）。浒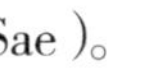（Hnong）训为池，为湖；些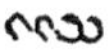（Sae）训为大，为少女。浒些之义为大湖，为少女湖，此当取大义。大理被称为勐些，因洱海而得名，泐文作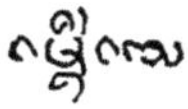（Meeng Sae），勐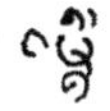（Meeng）之训为城，为邑，为郡或国，勐些之义为大邑或大国[①]。

滇池之傣泐名称，亦沿自洱海，因滇池较洱海为广大，被称为些竜，全称为浒些竜，泐文作（Hnong-Sae Hong），竜（Hlong）训为大，浒些竜之义为广大之湖，昆明被称为勐些竜，因滇池而得名，泐文作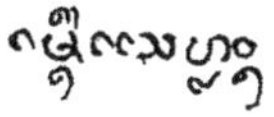（Meeng-Sae Hlong），义为广大之城，城亦可易为邑，为郡与国。

傣泐文对于失败、失陷、丧失、失身、失节、丢弃等义的字，原作（Sie），在若干年代以前，被简化为其训为纡缓、耽搁、歪斜的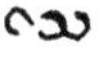（Se），同时浒

①冯承钧译法国汉学家马司帛洛著之《宋初越南半岛诸国考》注24中，亦释勐些为大（大理）之HO国。

些 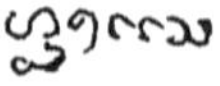、勐些 的 ，晚近亦被简笔作 （民国初年尚通作 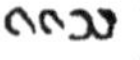），于是，近今学者，遂有人释勐些 （Meeng Sie 指昆明）为失城者。其实勐些是指大理，昆明应作勐些竜。再则傣泐文文法，作动词失义之 Sie（些），应置于名词 Meeng（勐）之前，失城应作 Sie Meeng（些勐），Meeng Sie（勐些）义为大城，即大理，不可解释为失城也。

（Se）、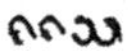（Sae）、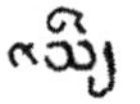（Sie）三字，汉语音译均作些（Sie），不过前一字的读音较短，后两字的读音略长而已。

原载（沈阳）《中国地名》，第六期（1995.7）

大车里与小车里

车里有大小之分，始见于《招捕总录》[①]，但疆界不明，疑古代车里之疆域，远较清、民以来之领域为大，而分裂为二，似在元以前，近人有否定车里有大小之说者。

《招捕总录》载：元贞二年（1296）十一月，车里蛮浑弄兴兵占夺砦甸十又三所，结构八百媳妇蛮，欲攻倒龙寺，云南省遣兵招捕。大德元年（1297），八百媳妇国与胡弄[②]攻胡伦，又侵缅国，车里[③]告急，命云南省以二千或三千人往救。大德二年（1298）三月，小车里结八百媳妇为乱，经年不下，数遣使奉诏招之，不听。大德二年（1298）与八百媳妇国为小车里胡弄所诱，以兵五万，与梦胡龙甸土官及大车里胡念之子汉纲争地相杀，又令其部曲混干，以十万人侵蒙样等，云南省乞以二万人征之。

《元史》卷十六《世祖纪》，至元二十七年（1290）秋七月丙寅，云南阇力白衣[④]甸酋长凡十一甸内附。卷

①此据广文书局印行之金山钱熙祚锡之校本。

②胡弄即小车里浑弄之异译。

③此指大车里。

④阇力即车里，白衣即摆夷，亦即傣人。

十九《成宗纪》：元贞二年（1296）十二月戊戌，立彻里军民总管府，云南行省臣言：大彻里地与八百媳妇犬牙相错，今大彻里胡念已降，小彻里复占厄地利，多相杀掠，胡念遣其弟胡伦，乞别置一司，择通习蛮夷情状者为之帅，招其来附，以为进取之地，诏复立蒙样刚等甸军民官。

缅北元置为云远路军民总管府，明永乐初改孟养宣慰使司之勐养，一般人均呼为大勐养。位于景栋北约70公里，孟连南约60公里之勐养，十二版纳方面，为别于景洪东北约20公里之小勐养，亦呼之为大勐养，但其地较缅北勐养为小，应即为《招捕总录》所著录之蒙样，《元史》之蒙样刚也。按蒙样为勐（孟）养之异译。刚，中也，意即中勐养之谓，盖以其位于今景洪县东北之小勐养及位于缅北旧孟养军民宣慰使司之大勐养之间，同时其地面较孟养宣慰司地为小，而较小勐养为大，故被称为蒙样刚，即中勐养也。由此推知，位于今景栋北之勐养，在元大德间（1297 ~ 1307），为大车里之重地，亦可能是大车里之首府，所以八百媳妇令其部曲混干以十万人侵之。惜书缺有间，元廷诏复立之军民官之情形不明，无法做进一步之研究也。勐养南之景栋，旧称孟艮[1]，明永乐时置孟艮府，清乾隆间置为指挥使，即《招捕总录·八百姓媳妇传》中之木肯寨，八百有蛮酋浑乞滥居之。元仁宗延祐元年

①孟艮，蛮名孟揹，见《明史·孟艮土司传》。

（1314）正月，云南省曾命解难甸达鲁花赤法急剌丁至其地。元成宗大德间，尚与勐养之大车里处于敌对之地位，相距仅约70公里，犬牙相错，八百尚未能将之囊括在其统治之下也。

《招捕总录》中之大车里，似在元以前即由车里分裂而出，其地应即今缅甸东掸邦之景栋地区，并包括划归法属之勐信、勐弄一带旧整欠土指挥地在内，其地较十二版纳为大，故元人称之为大车里，而称十二版纳为小车里。小车里可能意图规复，故结构八百媳妇攻大车里，使大车里降元自保。八百雄主披耶勐莱王时代，木肯塞为八百所据，蛮酋浑乞滥守之。“浑”亦译“坤”，其训为将、帅、首领、头目等，系官称，并非姓氏，乞滥为其名。勐莱王死后，八百一再有争夺王位之乱，驻守官兵撤走，木肯寨复归大车里，建都耿冻，故至正七年（1347）春正月，元置为耿冻路军民总管府。耿冻即景栋之异译，近今学者，认为耿冻即今属于江城县之整董，但整董仅车里宣慰使司所属一土把总地，无置为路军民总管府之条件。随又置耿当、勐弄二州。因原为车里地，明洪武十五年（1372），俱省入车里，大小车里复合而为一。隆庆五年（1571），车里宣慰使刀应猛时代之十二版纳，已不复包括有景栋地区在内，盖景栋已于永乐四年（1406），被置为孟艮羁縻土府矣。孟艮于嘉靖间附于缅。车里折而入缅之后，又有大小车里之分，以大车里应缅，以小车里应中国。但此时应缅之大车里，应即指澜沧江西之六版纳，应中国之小车里，则为江东六版纳，与元代《招捕总录》所载大小车里之范围已不同。

活人界桩

《缅甸史》第二章注四："一世纪前，中缅交界处，在景东（Kengtung 亦作江东）与车里（Kenghung 亦作江洪）间之景罗（keng law）地方，经活埋二人，其一面北，其一面南。迨英人治缅后（清光绪十一年，公元 1885 年，英灭缅），乃以佛像二尊代之，背与背相对。"①

哈维《缅甸史》约成于公元 1918 至 1925 年之间，一世纪前，当道光初或嘉庆末年。景罗近译景洛，属佛海县（今改勐海县），与缅甸景栋（即景东）掸邦之勐麻小勐拉交界。

民国二十六年（1937）冬，著者衔命赴景栋与英方景栋监督爱文斯氏，会商佛海和景栋之界务时，曾访问景洛及勐拉两地居民，有关以前活埋二人及后来改埋佛像之经过以及地点，惜已无知者，言老一辈关心史事的人或有印象，但都已下世了！

景洛南览河渡口处，名曰打洛。"打"之训为渡口，即景洛渡口之谓，为交通缅甸东掸邦首府景栋之孔道，

①见民国三十六年（1947）五月上海商务印书馆印行的英人哈维（G.E.Harvey）著，姚枬译注的《缅甸史》上册74页。

商旅往来，大都仅经过渡口而不进入景洛城子[①]。因此“打洛”之名甚著而景洛之名不显。今打洛已发展为一观光小镇，旅游十二版纳者，大都顺便到打洛一游，看看中缅之交的境况，很少有人谈到景洛城子矣。

①土司驻地大都称景，景之训为城，除景洪旧有周长三公里半的一座半月形砖城（已毁，民国三十八年前城基犹存）及濠外，其他土司地并无城垣，仅有围篱，或并围篱亦无之，俗通称城子。

西双版纳与西藏之茶叶贸易

茶马古道与新茶路

驰名天下之普洱茶，即产于西双版纳之攸乐、革登、倚邦、莽枝、蛮砖及曼撒六大茶山[①]。普茶显于何时，难于确考。明万历年间，谢肇淛在《滇略》中有“士庶所用，皆普茶也，蒸而成团”。是则普茶在明时已盛行。明末，方以智在其所撰之《物理小识》中有“普洱茶蒸之成团，西番市之”之语。正式道出普洱茶之名称，也提及制法，并说明销路。

《蛮书·云南管内物产》第七“茶出银生城界诸山，散收无采造法，蒙舍蛮以椒姜桂和烹而饮之。”又“南蛮疆界接连诸蕃夷国名”第十：“水真腊国、陆真腊国，与蛮镇南相接。”向达《蛮书校注》：“镇南节度，应即本书卷六南诏七节度中之开南，今景东是也。”又“元代之威楚、开南等路，至明改为景东府，清为景东厅。”《嘉庆重修一统志》卷四百九十五“景东厅建置

①此据清乾隆三十年（1765）乙酉赵学敏序而刊行之《本草纲目拾遗》所引《南诏备考》之六茶山，《云南通志》同，檀萃于嘉庆初成书之《滇海虞衡志》，莽枝作《莽芝》，国学图书馆铅印本。阮福于道光中所写成的《普洱茶考》，以革登、倚邦、蛮砖、易武、架布、嶍崆为六茶山，《普洱府志》以攸乐、倚邦、莽芝、蛮砖、慢撒、易武为六茶山。

沿革”云：“唐时南诏蒙氏立银生府于此”。是则《蛮书》中之银生、开南及镇南，均为景东县。其南界，据法人马司帛洛在《宋初越南半岛诸国考》：“案车里久列金城国（Xien Sen）之版图者也，则金城国应与南诏接界，考《金城国纪年》，尚保存有其国隶属真腊时之遗事……”由此观之，吉蔑领地与南诏之国境相接。并考订南诏盛时之南境为威远睑南界诸山，认为应求其地于普洱或思茅两地之中。据《天下郡国利病书》：“兀良合台伐交趾，经车里，降之。至元中，置总管府，领六甸。其地东至落恐蛮，南至波勒蛮，西至八百媳妇，北至元江府，西北通孟连，由镇沅南行二日入其界，又二日至普洱，又六日至九龙江外之宣慰司。”观此，南诏镇南蛮之南境，至镇沅南行二日程而止，亦即威远睑南界诸山，再南则为真腊之领域，六大茶山未在境内，是以唐陆羽之《茶经》未载。且斯时尚无普洱之名[1]。

藏人嗜奶酪，不得茶则病，南诏与西藏境土相接，阁罗凤北臣吐蕃之后，臆者，藏人除采用巴蜀之荈而外，自必要求银生之茶以益之，但银生茶产不丰。斯时西双版纳虽不在银生节度管辖之下，而境土相接，西双版纳六大茶山所盛产之茶叶，可能由茶商贩运至银生，以供吐蕃之采购。即开启了西双版纳与西藏之茶叶贸易，惜史无明文。后来藏人自行到茶山或在思

①元时，车里始入版图，见元《招捕总录》之“部日”，明代方名普洱。

茅贩运，兼以特产及骡马易茶。民国十九年（1930），更深入至佛海采购，完成了自拉萨至西双版纳六千多里漫长的茶马古道。自佛海至拉萨，为程6705华里，须时九十九日至百余日。此一茶马古道，沿途皆崇山峻岭，进行备极艰苦。且冬雪季节，藏境大部分地段，不能运输。自缅境公路延筑至弥迩佛海之景栋，于是有新茶路之开辟。由佛海马程六日至景栋，又汽车二日至海和，又三日火车至缅京仰光，又三日船运至印度加尔各答，又二日火车至西里古里，又一日缆车至噶仑埠，又十八日马程至拉萨，交通线共长7642华里，虽较古茶道增多了957华里，但其中有6257华里系利用现代的交通工具，费时仅十一日，运送快捷，费用远较骡马驮运费为低，且全程仅三十五日即达，可以减免人马六十余日之艰苦跋涉，茶价降低，为藏人所欢迎。兹将茶马古道之途程及新茶路之交通状况分别为表于后，以供参考：

茶马古道①

起　站	讫　站	里　数	马程日数	备　注
勐海	车里	一〇〇里	马程二日	
车里	思茅	三二〇里	马程五日	
思茅	普洱	一二〇里	马程二日	

①民国十九年（1930），藏人至佛海购茶运藏时，曾探询由拉萨至勐海里程宿站等情形，留有记录，但已付劫灰。兹表所记，系参考《新纂云南通志》《中印国界研究》及吴忠信《入藏报告》而成。

起　站	迄　站	里　数	马程日数	备　注
普洱	镇沅	二七〇里	马程四日	
镇沅	景东	三五〇里	马程六日	
景东	蒙化	二六〇里	马程四日	
蒙化	大理	一三〇里	马程二日	
大理	丽江	四〇〇里	马程五日	
丽江	维西	四五〇里	马程六日	
维西	叶枝	二五〇里	马程四日	
叶枝	阿墩子	三九〇里	马程五日	
阿墩子	江卡	五〇〇里	马程七日	江卡 今宁静县
江卡	察雅	六〇〇里	马程八日	
察雅	昌都	四五〇里	马程六日	
昌都	恩达	一八〇里	马程三日	
恩达	洛隆宗	二五五里	马程四日	
洛隆宗	硕督	一四〇里	马程二日	
硕督	边坝	二五〇里	马程四日	
边坝	阿蓝多	二二〇里	马程三日	
阿蓝多	拉里	二五〇里	马程四日	
拉里	江达	三〇〇里	马程五日	
江达	鹿马岭	一四〇里	马程二日	
鹿马岭	乌苏江	一三〇里	马程二日	
乌苏江	拉萨	二五〇里	马程四日	

以上由勐海至拉萨陆路共长约六千七百零五华里，须时九十九日至百余日。

新茶路

起　站	迄　站	里数（华里）	马程日数	备　注
勐海	勐混	三五	马程一日	
勐混	勐板	六四	马程一日	
勐板	打洛	五六	马程一日	
打洛	曼西里勐	五二	马程一日	
曼西里勐	打丙	四八	马程一日	
打丙	景栋	七五	马程一日	
景栋	打各	三六一	汽车一日	一一二英里
打各	海和	五八九	汽车一日	一八三英里
海和	仰光	一三〇〇	火车三日	四〇四英里
仰光	加尔各答	二九一二	轮船三日	七八七英里
加尔各答	西里古里	九九八	火车二日	三一〇英里
西里西古	噶仑埠	九七	缆车一日	三〇英里
噶仑堡	北洞	六〇	马程一日	
北洞	春邳	四〇	马程一日	
春邳	则路	四〇	马程一日	
则路	客若	四五	马程一日	
客若	竹莫	六〇	马程一日	
竹莫	帕热	四五	马程一日	
帕热	夺竟	八〇	马程一日	
夺竟	司马达	五〇	马程一日	
司马达	江孜	五〇	马程一日	
江孜	谷喜	六〇	马程一日	

起　站	迄　站	里数（华里）	马程日数	备　注
谷喜	春堆	五〇	马程一日	
春堆	杂拉	六〇	马程一日	
杂拉	噶纳则	七五	马程一日	
噶纳则	北地	六〇	马程一日	
北地	扎马绒	六〇	马程一日	
扎马绒	曲水	五〇	马程一日	
曲水	宜党	九〇	马程一日	
宜党	拉萨	八〇	马程一日	

以上由勐海至拉萨之新茶路，约七千六百四十二华里，仅须时三十五日。

原载《云南文献》第三十二期（1982.12）

吴 哥 窟

闻名于世，被誉为古代东方四大奇迹之一的吴哥窟（Angkor Wat）①，位于柬埔寨北部，距离首都金边（Phnom Pen）314公里的暹粒省暹粒市（Siem Reap）的北边约6公里，为公元802至1431年，吴哥王朝的都城。在9世纪至15世纪初叶，吴哥王朝是真腊的极盛时代，其版图东际南海，南至马来半岛，西接缅甸，北界南诏，是东南亚地区的强国之一。吴哥王室动用

吴哥寺（中立者为笔者）

①其他三大奇迹是：埃及金字塔、中国的万里长城、印度尼西亚的婆罗浮屠。

了大量的人力物力，从事无数规模宏大之建筑，为国都增色，国力因之虚耗。13 世纪初，王国国势渐衰，1238 年，西部地区泰人崛起，击走真腊在速古台之统治，建立速古台王国，并不断向真腊用兵。1378 年，南方泰人的阿瑜陀耶王朝，击降速古台后，更严重威胁真腊，两国经常发生战争。1431 年，泰军大举进攻吴哥城，围攻七月，卒被攻陷，城内被洗劫一空，并遭破坏。国王昙摩索迦（Tammasok）薨于围城期间，一说被杀。其子庞哈雅特（Ponhayat，1432 ~ 1459）继立，以面临强敌，防守困难，乃迁都金边。于是吴哥王城，遂任其荒芜。

吴哥大规模的建设，历时 300 余年。建筑艺术风格和反映的宗教内容，有印度教崇奉的湿婆毗湿奴诸神以及大乘佛教崇奉的观世音菩萨。

吴哥荒废之后，其中宏伟壮丽的建筑群，被热带丛林所淹没。年湮代远，竟被后代的人们所遗忘，柬人咸言其中有魔鬼，没有人敢进入其中一探究竟。19 世纪末，元人周达观于元成宗二年（1296），随招谕使赴真腊，次岁撰写的《真腊风土记》，被法国汉学家雷慕沙（A.Remusat），于 1819 年译成法文，发表于该年在巴黎出版的《旅行新志》。若干年后又收入在巴黎出版的《新亚洲论丛》。但没有人相信有这个古城的存在。直到 1860 年，法国博物学家亨利蒙科（Henri Monkot），根据《真腊风土记》的记载，到吴哥探险，在被森林丛莽淹没的一片废墟中，果然发现了规模宏大、壮丽无比的吴哥古迹。次年，发表游记，才揭开了埋没四百多年，在森林丛莽中的古城，依然存在，使许多人慕名而来，于是吴哥古迹，遂闻名于世。同时《真腊风土记》一书，也备受世人所重视。1902年，法国汉学家伯希和（P.Pelliot），把《真腊风土记》重新翻译，并将原文加以校勘和注释，发表在河内出版的《远东法国学校校刊》上，1931年，我国学者冯承钧译成中文，以《真腊风土记笺注》，收入《史地丛考续编》，始引起国内学者之注意。先后有陈正祥的《真腊风土记研究》，金荣华的《真腊风土记校注》及夏鼐的《真腊风土记校注》等著作出版。

吴哥寺（最上层）

吴哥古迹的发现，经过清理和修复，又重新成为举世著名的胜迹。其建筑群，估计共有大小六百余座，散布在大约45平方公里地面。从九世纪至12世纪，累积400年的经营成果，有些建筑物已成为废墟，现就其著名者，简述于后：

吴哥城门上有三塔

一　吴哥寺

吴哥寺（Angkor Wat），又称吴哥窟，也有叫作小吴哥的。吴哥一名，是《真腊风土记》作者周达观就其温州语的音译，沿用迄今垂七百年，故仍之。国语音译应作昂哥瓦，近人多译为安哥。位于吴哥城的南面，是真腊吴哥王苏利雅跋摩二世（Suryavarman Ⅱ，1113 ~ 1150）在位时，建来祀印度教的毗湿奴者。他死后亦葬于寺内，所以周达观著录为“墓”。《真腊风土记》城廓：“鲁班墓，在南门外一里许，周围可十里，石屋数百间。”记中所谓的鲁班墓，即指吴哥寺而言。《殊域周咨录》称为鲁般寺，言墓言寺，各有所据，亦有陵庙之名。至于鲁班或鲁般，当原自侨居该地唐人附会的俗称，余两次旅柬，均被指称为鲁班庙也。

吴哥寺是吴哥地区最为宏伟壮观的建筑，占地约4万平方公尺，全部建筑物都是用石块重叠砌成。寺的主体是五座尖塔，建筑在一个石砌的台墓上，台基分为三层，最上一层中央的一座尖塔，最为高大，耸立地面65公尺。其余四座尖塔较矮，建筑在第二层台基的四角，最下一层台基深187公尺，广215公尺，每层台基的四面，都有石砌的回廊围绕着，周约800公尺，回廊石壁高约2公尺许，刻满人物浮雕，回廊有屋顶覆盖，风雨不侵，浮雕至今保存完好。浮雕的题材，大多取自印度史诗《罗摩衍那》（Ramayana）和《摩诃婆罗多》（Maha bharata）中的神话故事。东回廊浮雕是“乳海翻腾”的传说，叙述印度教的万物之主毗湿奴与恶魔战斗的情形。北回廊是毗湿奴与天神交战的情形。西回廊是描写猴神助罗摩与魔鬼作战的情形。南回廊西组，是刻绘苏利雅跋摩二世骑象领军出战图；南回廊东组，是幅地狱形象图，描绘善恶因果报应，受苦的形象及得善报的形象。也有描写当时国王和人民生活的图形。这些浮雕，所镌刻的人物，形象逼真，精美绝伦。回廊盖顶当檐处，每隔一公尺五六。即有一石柱支撑，远远眺望，就像一间间小屋排列着，周代所言“石屋

吴哥城门头上之观音像

吴哥寺

数百间”，似即指此。

吴哥寺的四周，有巨濠环绕，濠宽190公尺。绕濠一周，长5600公尺。元承宋制，宋三司布帛尺一尺，当0.312公尺，以布帛尺计，合9.97里强，周氏言“可十里”，是相当切近的。吴哥寺四面都有入口，各有一门，而以西门为正门。正门筑有宽敞的大石桥跨越巨濠。桥两侧以石雕的九头巨蟒[①]为栏杆。过了巨濠上的石桥，即为吴哥寺外围的两道石砌围墙。外围墙西面的正门，门楼壮丽，上有三塔。门楼之内，是一大广场，可容数千人。东行沿着一条长达347公尺的大道，便达内墙的入口。大道两侧各有一个藏书室及水池。内围墙深270公尺，宽340公尺。经由内围墙一个十字形平台的后边，有三道门直通寺塔。

①巨蟒，巴利语作Naga，柬人认为神圣之蛇。泰语作Nag，泐语作Nak，视如中国之龙。

二 吴哥城

吴哥城(Angkor Thom)，近人译作安哥通。Thom 之训为大，因有大吴哥之称，《诸蕃志》作“禄兀”[①]。是吴哥王朝的都城，亦即周达观在《真腊风土记》中所谓的“州城”。为 12 世纪后半叶，阇雅跋摩七世（Jayavarman Ⅶ，1181 ~ 1219）时所建。城墙全用石块构筑，高 7 公尺，厚 3.8 公尺，城门也是用巨石砌成，城为正四方形，每方 3 公里，周围长 12 公里，合宋三司布帛尺制二十一里有奇，与周氏所记“可二十里”，颇相近。城外环绕巨濠，濠宽约百公尺，濠之上有阔约 15 公尺的石桥 5 座，交通 5 道城门。桥之两侧各有石刻巨蛇一条，蛇皆七头昂举，各由 27 尊石刻神像挽持着，作为石桥的栏杆。五道雄伟的城门，各高约 20

公尺，门各两重，唯东向开二门，余向开一门。东西南北四门皆有大道，直通向城中心的巴戎寺，靠北的另一东门大道，通至御苑的胜利门。各门筑有三座石塔，每一座塔的四面皆雕刻有观音菩萨像，面含笑容，凝视四方。城门两侧，各置一巨大的三头石象，长牙着地，长鼻伸向莲花作卷曲状，逼真生动。阇雅跋摩七世，除在都城的中央建筑巴戎寺外，又兴建王宫及几座石庙以及石塔，把吴哥建筑为一个宏伟壮观的都城。此外他还进行一些公共事业，在全国各地兴建102所医院和121家客馆。吴哥城中的主要建设有：巴戎寺、巴旁寺、御苑，包括空中宫殿等。

巴戎寺（Bayon）亦作巴扬宙，意为中山，位于吴哥城的正中，据说是象征宇宙的中心。《真腊风土记》中所言："当国之中，有金塔一座，傍有石塔20余座，石屋百余间，东向有金桥一所"，即指今之巴戎寺。金塔即寺之主塔，高约45公尺。其周围之石塔，代有增建，今已不止20余座。寺正门东向，门前有大池，池上有宽广平直的石桥，接东向大道，即所谓"东向金桥"也。建筑金塔和石塔

巴戎寺浮雕

的台基分两阶层，两层四周都有浮雕回廊，当即周氏所言之石屋。下层台基高出地面约 1 公尺，深 140 公尺，广 160 公尺；上层高出下层台基 2.5 公尺，深 70 公尺，广 80 公尺。台基上有石塔 48 座围绕着当中的金塔，但今已不见贴有金箔，盖年久剥落矣。据说金塔内原有一尊高 4 公尺多的佛像，是阇雅跋摩七世自己的形象云。巴戎寺的石塔数，据说原有 52 座，毁掉 3 座；亦说原有 54 座，毁掉 5 座。每座石塔的四面，都雕刻有观世音菩萨像，面含微笑，凝视四方。巴戎寺的回廊石壁上浮雕，有神话故事，国王事迹，人民生活，市场情形，舞娘形象，狩猎图及斗鸡图等，大都是高浮雕。惜有些建筑物已经塌毁，不如吴哥寺保存完整。

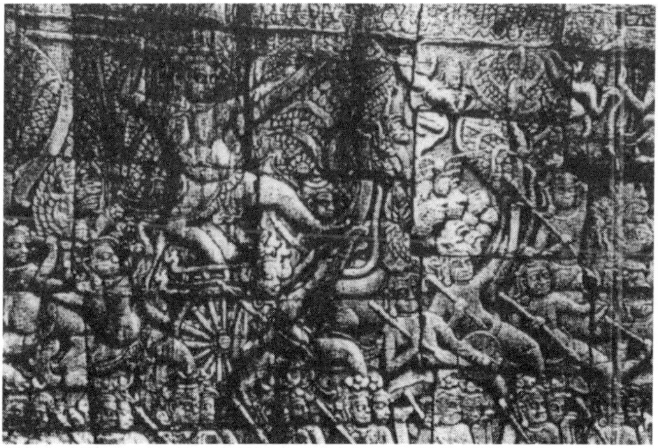

巴戎寺浮雕

巴戎寺浮雕

巴旁庙（Paphuon），亦译巴芳寺，或作巴普昂庙，又称金角寺，即《真腊风土记》中所言："比金塔更高"，望之郁然的铜塔。位于巴戎寺之北微西一里许，空中宫殿（Puimeanakas）之南四百公尺处，建于11世纪中叶。据考古学家研究，所谓铜塔，可能是一座木塔，高50公尺，外包以铜，但已毁无存。现仅遗三层石砌

台基及中心的塔基。台基高24公尺，底层深90公尺，广120公尺，四周有回廊，当即周氏所言之石屋。回廊壁上，刻有大量的小幅浮雕，取材于《摩诃婆罗多》及《罗摩衍那》两史诗故事，刻工精美而细致。

御苑，《真腊风土记》中所言：在金塔金桥（指巴戎寺）之北，近北门，周围可五六里之国宫，即指今之御苑。在铜塔（巴旁庙）北一里许的国王之庐，即指御苑中之王宫，亦即雅所跋摩一世（Yasovarmani，889～900）所建之空中宫殿。唯国王之庐，包括寝室，金塔及莅事处的建筑物，均已毁无存。现存的建筑物是一座三阶层的高台，台高约12公尺，基部深28公尺，广35公尺。平台四周建有回廊，顶层中央有十字形塔基，即已毁的金塔的基座也。

三　巴肯庙

巴肯庙（Bakheng），建于九世纪末，即《真腊风土记》所言："在南门外半里余"之石塔。石塔位巴肯山顶，山高约60余公尺，原系雅所达罗都城（Yasodharapura）之中心，后因改建吴哥城，位置变动，居于城外之左侧。庙基为一高台，约13公尺，分为五层，高台上建有五座砂岩砌成的尖塔。在高台的四周有砖塔36座；又其上每层各有小塔12个。台基每边中央有一道阶磴，阶磴的两侧置有石狮。

巴肯庙

四 东池

东池（Yasodharatataka），在吴哥城东，暹粒河南及东岸，是一人工湖，凿于雅所跋摩一世时代，贮蓄河水，供给都城及灌溉农田之用。池长约七公里，阔约2公里，周17公里余，约合宋三司布帛尺制三十二里。周达观谓其“周围可百里”者，极言其广大耳。但今池水已涸。在罗阇因陀罗跋摩（Rajendravarman，944～968）在位时，在东池的中央，建造一座塔庙，称为东弥朋（East Mebon）庙，于952年完成，祀湿婆神。这里还有一头用块巨石雕刻的石象，象身上刻有精美的饰物。周氏所记“塔之中有卧铜佛一身”已不见。

五　西池

西池（West Baray），周达观《真腊风土记》中未曾述及。在吴哥城西一公里处，面积较东池为大，长7公里，阔2公里半，周围长19公里，合宋三司布帛尺制三十四里弱。凿于乌迭蒂雅跋摩二世（Udayadityavarman Ⅱ，1050～1066）及赫萨跋摩三世（Harshavarman Ⅲ，1066～1080））时代。迄今仍可蓄水，用于灌溉。西池中央，建有西弥朋（West Mebon）塔庙，成于11世纪，祀毗湿奴。石塔方形，建于方形平台之上，凡五，中央之塔为主塔，四角各有一塔，高$1\frac{1}{4}$公尺。

班台斯利神庙浮雕

六　北池

北池（Preah ReachDak），在吴哥城东北，距北门约 3 公里，合五里许，面积约当东池之半，位于神剑庙（Prah Khan）正前方，因亦名神剑池，唯池水久涸，池底演为平原，池中小岛亦成为土丘。丘上有方池五：居中者 72 公尺见方，最巨，四边各有一小池，堤上有石龛，当为周氏所言之石屋。中央方池中有圆台，正中建有高可八公尺之方塔，祀观世音，即周氏所记之“金方塔”也。圆台外缘有二大石蟒蟠绕。因有蟠蟒之称。中央方池中有大石马一，他如金狮子、金佛、铜象、铜牛、铜马之属，皆已无存。

班台斯利神庙

七　班台斯利神庙

班台斯利神庙（Banteay Seri），建于 10 世纪中叶，至 968 年完成。位于吴哥城东北约 20 余公里，是一座精美的石庙，建筑材料以石为主，以砖为辅。相传该庙为妇女所建，寺内又有许多妇女雕像，因又有“女王宫”之名。宫广约200公尺，深约100公尺，中心为三座并列的塔形神祠，四周围墙设有石门，门上刻有精美的浮雕，门楣上有三角形的撑板，雕刻精美华丽。石刻浮雕有神像、图案花纹，以及神话故事；在台阶上安置有狮首人身像。

八　塔普隆寺及普拉坎寺

塔普隆寺（Ta Prohm），位于东池之西南，是阇雅跋摩七世于1186年，建来祭祀他的母亲，碑文记载：这座寺，当年费了8万人工，所用金箔重达五吨，极为巍峨壮丽。寺中住有十八名高僧，2740名主祭师，2202名寺僧，和615名舞者，共5575人的食物和用度，国王规定由3140个乡村的税收来维持，8万人工为寺

金边东埔寨国王宫

庙服劳役。而在宗教仪式上的花费数目，更为惊人，其中包括：黄金白银各 10 万两，铸成重约 5 吨的金银碗各一只，大钻石 35 颗，珍珠 40620 颗，宝石 4500 颗，大型金钵一只，中国式屏风 967 件。此外还有伞（华盖）523 把，上等卧榻 512 张，每天供佛还需要大量的大米、奶酪、蜂蜜、糖、油、腊、樟脑、檀香木、袈裟等。每逢斋期，供应额外增加。1191 年，他又在紧接北池之西，达普拉坎寺（Prah Khan），亦名神剑庙，祭祀他的父亲。此寺大部分已经倾毁，四周围墙共长约 3 公里，外绕以 40 公尺宽的河沟。河水与当时的北池相通。寺前之东门路旁排列一行巨石人。

（本章部分参采乐观法师提供之资料）

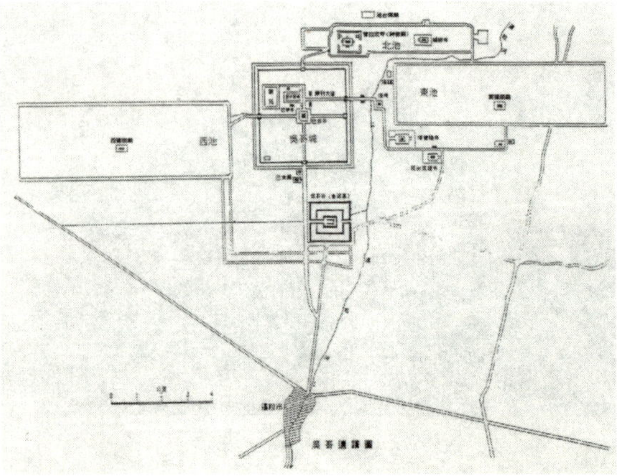